Highlights

SCHWEIZ

DIE **50** ZIELE, DIE SIE GESEHEN HABEN SOLLTEN

Highlights
SCHWEIZ

Rolf Goetz

BRUCKMANN

Oben: Der Brienzer See vor der Gipfel-
kulisse des Berner Oberlandes. Mitte: Im
Waadtland wird zu bäuerlichen Festen
nach wie vor die Tracht herausgeholt.
Unten: Heimeliges Chalet im Skiort Crans
Montana.

Inhaltsverzeichnis

Oben: Käse aus dem Appenzell ist weltbekannt. Mitte: Spielmannszug in Zermatt. Unten: Blick aus der Zahnradbahn zum Pilatus auf den Vierwaldstätter See und den Bürgenstock.

SCHWEIZ

Tunnel
Pass
Glacier-Express
Bernina-Bahn

0   N   25 km

Highlights

- Nördlich des Alpenkammes
- Westschweiz
- Bern und sein Oberland
- Wallis
- Graubünden
- Tessin

DEUTSCHLAND

Rhe...

Belfort

Basel 1
2

Dornach
Liestal
Laufen
Oberdorf
Olten   Aarau
Delémont   Balsthal
Moutier
Porrentruy
St-Ursanne
Franches Montagnes
Grenchen   Aare   Langenthal
Le Doubs
12   La Chaux-de-Fonds
Biel/Bienne   Solothurn
Willisau
Bieler See
Neuchâtel (Neuenburg)
Burgdorf
FRANKREICH
Pontarlier
Lac de Neuchâtel (Neuenburger See)   *Murtensee*
19 20   Entlebuch   11
Fleurier   **Bern**
Murten   Langnau
Estavayer
Yverdon-les-Bains   Münsingen
Vallorbe   Fribourg (Freiburg)   17
Le Pont   Mourdon   Thun
21   *Thuner See*   Brienz
La Cure   Bulle   18   Interlaken   *Brienzer See*
15   Lausanne   Gruyères (Greyerz)   Spiez   22   26   Faulhorn 2681 m
Lavaux   **Berner Oberland**   Schynige Platte   25
14   Châtel-St-Denis   Zweisimmen   Wengen   Grindelwal...
Nyon   Vevey   Saanen   Lauterbrunnen   23   Eiger 3970 m   Grin...
Thonon   Evian   Montreux   Gstaad   Lenk   Schilthorn 2970 m   Mürren   Mönch 4107 m   Finsterah... 4274 m
Genève (Genf)   16   Les Diablerets   Adelboden   24   Jungfrau 4158 m   Müns...
13   Aigle   *Rhône*   Kandersteg
FRANKREICH   Wildhorn 3248 m   Montana   Aletschgletscher   30   Fiesch
Crans   Goppenstein   31
Rhône   Visp   Brig
Annecy   Sion/Sitten   **Wallis**   Stalden   Simplonpass 2005 m
Martigny   Weisshorn 4505 m   29
Täsch   Saas Fee
28   Zermatt
Chamonix   Bourg   Matterhorn 4478 m   Dufourspitze 4634 m
Mont Blanc 4808 m   2473 m   32
Großer St. Bernhard

ITALIEN

Willkommen in der Schweiz

Das Bilderbuchland im Herzen Europas

Der Name Schweiz wird vielfach synonym für einen besonders reizvollen Landstrich gebraucht. Deutschland etwa hat eine Sächsische Schweiz, in Tschechien schwärmt man von der Böhmischen Schweiz, Costa Rica wird gern Mittelamerikanische Schweiz genannt. Weltweit gibt es fast 200 Schweizen, keine davon kommt allerdings auch nur annähernd an das Original heran. Ganz egal, ob man an großartige Landschaften oder zart schmelzende Schokolade denkt – die Schweiz ist einzigartig.

Münstergasse in Zürich – tagsüber einkaufen, abends ausgehen (oben). Jede Region hat ihre typischen Fasnachtsmasken, hier Exemplare aus dem Kanton Wallis (unten). Sant'Abbondio lebt von seiner Panoramalage über dem Lago Maggiore (rechts oben). Das Feriendorf Grindelwald im Tal der Schwarzen Lütschine (rechts unten).

Knapp acht Millionen Menschen leben in der Schweiz. Würde man alle reinlassen, die reinwollen, wären es sicherlich doppelt so viele. Die Schweiz ist ein wohlhabendes Land, bezogen auf das Bruttoinlandsprodukt gehört sie zu den zehn reichsten Ländern der Welt, nur die Norweger stehen in Europa noch besser da. Auch in puncto Lebensqualität mischt die Eidgenossenschaft ganz vorn mit – besonders gut wohnt, arbeitet, konsumiert und feiert es sich in der Metropole Zürich.

Porträt eines Musterlandes

Bei einer Fahrt durch das Voralpenland fallen sattgrüne Almwiesen mit grasendem Fleckvieh ins Auge. Aus dem ursprünglich agrarwirtschaftlich geprägten Land hat sich allerdings schon lange eine moderne Dienstleistungsgesellschaft entwickelt. Die Landwirtschaft spielt keine große Rolle mehr, ohne staatliche Subventionen hätten selbst Emmentaler und Appenzeller einen schweren Stand.

Verstärkt wird biologisch gewirtschaftet, fast zehn Prozent des Kulturlandes kommen mittlerweile ohne Spritzgifte und Kunstdünger aus. Als eine der wichtigsten Säulen der Schweizer Wirtschaft haben sich Banken und Versicherungen in den Vordergrund geschoben. Was daneben vielfach unter den Tisch fällt: Die Schweiz ist zugleich auch ein Industrieland. Vornehmlich in der Nordschweiz und im Mittelland prägen vielerorts Industrieansiedlungen das Bild. Exportschlager sind etwa Uhren, Präzisionsinstrumente und Maschinen. Nestlé in Vevey am Genfer See ist der weltweit größte Nahrungs-mittelkonzern, und auch die Basler Pharmaunternehmen Novartis und Roche gehören zu den ganz Großen ihrer Branche. Die Schweizer produzieren die beste Schokolade der Welt und mit einem Pro-Kopf-Verbrauch von fast zwölf Kilogramm sind sie zugleich auch die besten Kunden. Der Franken ist stabil wie sonst kaum eine andere Währung, und die Arbeitslosenrate

Pferdekutschentaxi im Oberengadiner Ferienort Pontresina (oben). Traditioneller Sgraffito-Erker im Unterengadin (unten).

ist so niedrig, dass man fast schon von Vollbeschäftigung sprechen kann – alles in allem ist die Schweiz also wirtschaftlich hervorragend aufgestellt. Politisch baut man auf weitmöglichste Eigenständigkeit, sprich man ist neutral, führt also keine Kriege und tritt weder der NATO noch der Europäischen Union bei, kurz, man versucht sich aus allem rauszuhalten. Zwar leistet sich das Land ein Militär, doch Schweizer Söldner gibt es lediglich im Vatikan, wo sie als Schweizer Garde die päpstliche Leibwache stellen. Neutraler Boden ist wie geschaffen dafür, um über Konfliktlösungen der anderen nachzudenken. Als bevorzugtes diplomatisches Terrain hat sich Genf etabliert, das zugleich Hauptsitz der Vereinten Nationen und des Roten Kreuzes ist. Auf der politischen Bühne ist die Schweiz dennoch fast ein Niemandsland. Schweizer Politiker treten außerhalb der Landesgrenzen kaum in Erscheinung und sind namentlich so gut wie unbekannt, vielleicht auch deswegen, weil die Eidgenossenschaft kein Staatsoberhaupt im üblichen Sinne hat.

Schweizer Tugenden auf dem Prüfstand

Sicher, sauber und pünktlich, politisch stabil und wirtschaftlich erfolgreich. Ein Musterland par excellence – könnte man meinen. Dass dennoch nicht immer alles rund läuft, macht das Land im Grunde noch sympathischer. Politisch-wirtschaftlichen Filz gibt es genauso wie andernorts, und das Bankgeheimnis ist auch nicht mehr das, was es einmal war. Trotz innovativer Ideen und weit voraussehendem Fortschrittsdenken geht manches nach hinten los. So ist etwa der ausge-

prägte Konservativismus der Schweizer fast schon sprichwörtlich. Die mehrfach per Volksentscheid festgeschriebene ablehnende Haltung zu einem EU-Beitritt mag angesichts der ständigen Querelen um den Euro ja noch nachvollziehbar sein. Dass den Frauen erst 1971 das Wahlrecht zugestanden wurde, wirft jedoch einen Schatten auf das ansonsten ausgeprägte Demokratieverständnis. Für so manches Kopfschütteln sorgte im Ausland 2009 das Referendum über den Bau von Minaretten – eine satte Mehrheit von 57 Prozent will keine Minarette im Land sehen. Weltoffenheit ja, religiöse Toleranz sieht jedoch anders aus.

Gipfeltreffen für Genießer

Das Reiseland Schweiz ist unglaublich facettenreich, es hat praktisch von allem etwas: hohe Berge, eisige Gletscher und liebliche Täler genauso wie heimeliges Bauernland mit weltvergessenen Dörfern und trendige Städteziele mit viel Kunst und Kultur. Und alles liegt ziemlich nahe beieinander. Zusammen mit den Voralpen nimmt die Bergwelt mehr als die Hälfte der Landesfläche ein. 60 Gipfel sind höher als 4000 Meter, die Schweizer Alpen sind somit quasi das Dach Europas. Nur der höchste Alpengipfel, der Montblanc, liegt bekanntermaßen in Frankreich. Die ganzjährig schneebedeckten Bergriesen sind das touristische Aushängeschild des Landes und ziehen Touristen aus der ganzen Welt an. Kurvige Passstraßen mäandern durchs Gebirge, wer ganz hoch hinauswill, kann sich einer technischen Aufstiegshilfe anvertrauen, sprich einer Zahnradbahn oder einer Luftseilbahn, oder individuell auf dem beispielhaft markierten Wege-

netz die hinreißend schöne Natur erwandern. Nicht nur wegen ihrer Naturschätze ist die Schweiz ungemein attraktiv. Das hat sich auch bei der UNESCO herumgesprochen. Die historischen Stadtbilder von Bern und Bellinzona stehen genauso auf der Welterbeliste wie die Klöster von St. Gallen und Müstair. Doch neben den herausragenden Sehenswürdigkeiten sind es oft die eher unspektakulären Dinge, die einer Reise durch die Alpenrepublik das gewisse Etwas geben. Etwa die von einem Lärchenwald eingerahmte stille Walsersiedlung, die von Alpenrosen, Enzian und Teufelskralle übersäten Bergwiesen oder die versteckt gelegene Trattoria in einem weltabgeschiedenen Tessiner Bergnest. Das Einzige, was dem Binnenland Schweiz tatsächlich fehlt, ist ein Meer, doch etliche große Seen lassen dies vergessen. Am Genfer See oder am Lago Maggiore fühlt man sich angesichts der von Palmen und Bougainvilleen eingefassten Uferpromenaden fast wie am Mittelmeer. Schade nur, dass es die Schweiz nicht gerade zum Schnäppchenpreis gibt. Doch Qualität hat nun mal ihren Preis.

Alpabtrieb am Eidgenössischen Bettag im Justistal über dem Thuner See (oben). Holzgetäfelte Kaminstube im Engadin (Mitte). Deftige Hausmannskost in einer Berghütte im Berner Oberland (unten). Die evangelisch-reformierte Dorfkirche in Lauenen im Saanenland (unten links).

Reizvolle Lage im Voralpenland:
St. Gallen hat den Bodensee fast
vor der Haustür und den Säntis
zum Greifen nahe.

Blaue Stunde über dem Vierwaldstätter See
(oben). Gelebtes Brauchtum im Appenzeller Land: Urnäscher Alpaufzug auf die
Schwägalp (Mitte). Seit dem 14. Jh. verbindet die überdachte Kapellbrücke die Luzerner Altstadt mit der Neustadt (unten). Über
dem Limmatufer bestimmen die Türme
von Fraumünster und Grossmünster die
Silhouette der Züricher Altstadt (rechts).

Nördlich des Alpenkamms

1 Basel – zwischen Chemie und Kultur

Architektur- und Kunstmetropole am Rheinknie

Bei dem großen Nachbarn Zürich und in der Bundeshauptstadt Bern hört man es nicht gern: Basel präsentiert sich nicht ganz zu Unrecht als die Kulturhauptstadt der Schweiz. »Culture unlimited«, mit diesem Slogan bewirbt die Tourismuszentrale ihre Stadt. Doch von Kunst allein können bekanntlich nur die Wenigsten leben. Basel am Rhein ist daher zugleich einer der bedeutendsten Industrie- und Messestandorte des ganzen Landes.

Das gotische Münster steht weithin sichtbar auf dem höchsten Punkt der Basler Innenstadt (oben). Roter Sandstein dominiert die frühgotische Schaufassade des Basler Rathauses (unten). Arkadengänge zieren den Innenhof im Basler Rathaus (rechte Seite).

F ür sich allein betrachtet ist Basel mit seinen rund 170 000 Einwohnern relativ überschaubar. Die zentrale Lage im Dreiländereck von Frankreich, Deutschland und der Schweiz macht die drittgrößte Stadt der Schweiz dennoch zu einem Ballungsraum mit Metropolencharakter, in dessen Einzugsgebiet fast eine Million Menschen leben.

Für Beschäftigung sorgt vor allem die Pharmaindustrie, allen voran Hoffmann-La Roche und der aus Ciba-Geigy und Sandoz hervorgegangene Weltkonzern Novartis. Die Industrie ist ja auch eine Facette der menschlichen Kultur. Am Beispiel Basel zeigt sie sich mit ausufernden Industriegebieten nicht überall von ihrer schönsten Seite. Und in den chemischen Labors entwickelte Produkte wie DDT und LSD muss man auch nicht unbedingt mögen.

Die Altstadt dagegen punktet mit ihrem hübschen, romanisch-gotischen Münster, das durch seine Hügellage über dem Rheinufer auch ohne eine mühsame

Turmbesteigung pittoreske Stadtansichten erlaubt.

Hinter der roten Sandsteinfassade fielen allerdings etliche Kirchenschätze dem Bildersturm im Jahr 1529 zum Opfer. Der Zeitzeuge Erasmus von Rotterdam – er lehrte seinerzeit an der Basler Universität – berichtete von mit Kalk übermalten Marienbildern und zerstörten Statuen, alles Brennbare wurde auf einen Scheiterhaufen geworfen und auf dem Münsterplatz verbrannt. Auch für den großen Humanisten selbst wurde seine Wahlheimat später zu einem gefährlichen Pflaster, schließlich flüchtete er sich ins Exil ins damals sichere Freiburg im Breisgau und kehrte erst sechs Jahre später nach Basel zurück, wo er 1536 verstarb. Seine Gebeine ruhen im nördlichen Seitenschiff des Münsters.

Stadt am Rhein

Die Ufer der Basler »Riviera« sind ein populärer Laufsteg für Flaneure und Jogger. Wer möchte, kann sich an einem der Ju-

Außergewöhnliche Architektur für eine außergewöhnliche Sammlung: Mario Bottas Entwurf des Tinguely-Museums (oben). Trendige Lounge im ehemaligen Wasserwerk (Mitte). Basel kann auch anders – stille Altstadtgasse (unten). Wenn es Nacht wird, setzt sich die Rheinmetropole gekonnt in Szene (oben rechts).

gendstil-Badehäuser vorbei ein Stück rheinabwärts treiben lassen. Der Zufall will es, dass just ab Basel Väterchen Rhein für größere Frachter schiffbar ist. Der Fluss fungierte damit als Motor für die industrielle Entwicklung der Regio Basiliensis.

Auf dem Wasserweg ist Basel für die Schweiz sozusagen das einzige Tor zur weiten Welt. »Port of Switzerland« nennt sich von daher stolz der Basler Rheinhafen, in dem ein nicht unbeträchtlicher Teil der eidgenössischen Importe umgeschlagen wird. Eine Hafenrundfahrt im Wassertaxi oder mit einem Ausflugsboot der »Weißen Flotte« erschließt die Rheinmetropole aus einer ganz anderen Perspektive. Zwischen den beiden Altstadtteilen helfen Brücken und vier historische Zugseilfähren über den Fluss.

Die Baugeschichte der Mittleren Brücke reicht bis ins ausgehende Mittelalter zurück. Als erste Rheinbrücke überhaupt überspannte 1225 eine Holzbrücke den

Fluss und verband Großbasel mit dem damals neu erschlossenen Kleinbasel am rechten Flussufer. Bald ersetzte eine solide steinerne Pfeilerbrücke die bei Hochwasser anfällige Holzkonstruktion. Eine Richtstätte der besonderen Art war das Käppelijoch auf dem fünften Steinpfeiler. Zum Tode verurteilte Kindsmörderinnen und Ehebrecherinnen wurden von der Kapelle aus mit fest zusammengeschnürten Extremitäten in den Rhein geworfen und in St. Johann einen Kilometer flussabwärts wieder aus dem Wasser gefischt. Wer bis dahin überlebte, durfte mit einer Begnadigung rechnen. Da die Zahl der Überlebenden überhand nahm, ging man allerdings ab 1634 dazu über, die Übeltäterinnen auf der Brücke mit dem Schwert zu enthaupten. Die kleine rote Sandsteinkapelle gibt es noch heute.

Mekka für moderne Architektur

Mehr als ein halbes Jahrtausend lang beherrschten die beiden schlanken Türme

des Basler Münsters die Silhouette der Altstadt. Sie sind nach wie vor der unumstrittene Blickfang am linken Ufer des Rheins.

Doch nur einen halben Kilometer Luftlinie entfernt streckt der 105 Meter hohe Messeturm seine Glasfassade in den Himmel und überragt das Münster um mehr als 40 Meter. Und demnächst soll noch ein Superlativ dazukommen: Der Pharmakonzern Roche plant für seine Basler Zentrale ein ultramodernes Hochhaus. Mit 175 Metern wird es das höchste Gebäude der Schweiz sein und Büros für 1900 Mitarbeiter haben.

Basel hat sich zu einer regelrechten Spielwiese der zeitgenössischen Architektur entwickelt. Ambitionierte Architekturprojekte finden sich mittlerweile an fast jeder Ecke und schaffen ein Spannungsfeld zwischen Alt und Neu. Am Aeschenplatz setzte Mario Botta mit dem Bankgebäude der BIZ einen Akzent, und das Architektenteam Herzog & de Meuron bescherte der Stadt das Zentralstellwerk, einen mit Kupferbändern verkleideten dunklen Kubus, der als Solitär den Gleisdschungel der Schweizerischen Bundesbahnen dominiert. Auf der deutschen Rheinseite, nur sieben Kilometer von der Basler Altstadt entfernt, entstand in Weil am Rhein auf dem Werksgelände des Schweizer Möbelkonzerns Vitra ein spektakulärer Architekturpark, in dem die Formensprache von Frank O. Gehry bis Zaha Hadid gleich ein halbes Dutzend Glanzpunkte avantgardistischer Baukunst präsentiert.

Basel ist der wichtigste Schweizer Messeplatz (oben). Flanieren am Rheinufer (unten). Der historische Barfüsserplatz fungiert heute als Straßenbahnknotenpunkt (unten links). Basler Fasnacht – von traditionell bis schrill (Seite 24). Sitzende Helvetia über dem Rheinufer (Seite 25 unten).

23

Die Basler Museumslandschaft

Im Großraum Basel lassen mehr als 30 Museen kaum ein Gebiet zu Historie, Technik und Kunst unberührt. Nicht alle davon muss man gesehen haben, nicht wenige sind allerdings ein Muss. Hochkarätige Malerei, angefangen von mittelalterlichen Meistern über französische Impressionisten bis zu abstrakter Malerei und neuerer amerikanischer Kunst darf im Kunstmuseum bestaunt werden. 1661 eröffnet, war das Haus am St.-Alban-Graben weltweit die erste der Öffentlichkeit zugängliche Kunstsammlung. Das Kunstmuseum steht zugleich für ein Stück schweizerisches Demokratieverständnis. Als in den 1960er-Jahren der Ankauf von zwei Picassos zur Diskussion stand, wurde des Volkes Stimme dazu befragt. Der Souverän entschied sich mehrheitlich für den Erwerb der damals sechs Millionen Franken teuren Bilder, mit Steuergeldern wohlgemerkt. Der Marktwert vom »Sitzenden Harlekin«

und vom Werk »Die beiden Brüder« dürfte sich seither verdoppelt und verdreifacht haben, ans Verkaufen denkt in Basel jedoch niemand.

Für Schrottkunst der hochwertigen Art ist das Jean-Tinguely-Museum zuständig. Doch um die Installationen von Tinguely zu sehen, muss man nicht unbedingt ins Museum gehen. Der auf dem Theaterplatz aufgestellte Fasnachtsbrunnen, eine skurrile Maschinenskulptur aus der Hand des schweizerischen Künstlers, zieht auch jene Besucher an, die nur mal einen schnellen Blick auf öffentlich zur Schau gestellte Kunst werfen wollen; meist wird daraus dann aber doch ein längeres Verweilen. Mit der »Art Basel« wird die Stadt jeden Frühsommer zum Treff von Künstlern, Sammlern, Galeristen und all jenen, denen Kunst der wichtigste Zeitvertreib im Leben ist. Seit der ersten Ausstellung im Jahr 1968 hat sich die Kunstschau zur Leitmesse moderner Gegenwartskunst entwickelt.

DIE KUNSTSCHÄTZE DER FONDATION BEYELER

Im Basler Vorort Riehen hat der 2010 verstorbene Kunsthändler Ernst Beyeler eine der bemerkenswertesten Privatsammlungen Europas zusammengetragen. Unter den rund 230 Werken der klassischen Moderne sind praktisch alle Namen von Rang vertreten, von Monet, Cézanne und van Gogh bis hin zu Andy Warhol, Mark Rothko und Roy Lichtenstein. Im Kontrast zu den Arbeiten aus der Ersten und Zweiten Welt stehen 25 ausgesuchte Objekte afrikanischer und ozeanischer Stammeskultur. Hochkarätige Wechselausstellungen machen das Haus zu einer der meistbesuchten Galerien der Schweiz. Den Rahmen für Beyelers Kunstschätze stellt ein von Stararchitekt Mario Botta entworfener Bau, der die Exponate im wahrsten Sinne des Wortes ins rechte Licht rückt.

WEITERE INFORMATIONEN

Fondation Beyeler: Baselstr. 101, 4125 Riehen/Basel, Tel. 061-645 97 00, tgl. 10–18 Uhr, Mi 10–20 Uhr, www.fondation beyeler.ch

Tourist & Hotel Information: Im Bahnhof SBB, 4010 Basel, Tel. 061-268 68 68, www.basel.com

Museum Tinguely: Paul Sacher-Anlage 2, 4002 Basel, Tel. 061-681 93 20

2 Goetheanum-Hügel in Dornach

Ganzheitliche Architektur ohne Ecken

Dornach im Kanton Solothurn ist ein relativ unspektakulärer Ort, der Insidern vor allem als das Zentrum der anthroposophischen Bewegung bekannt ist. Auf einem Hügel etwas abseits vom Ortskern thront das Goetheanum, das durch den weitgehenden Verzicht von rechten Winkeln auf sich aufmerksam macht. In den 1920er-Jahren galt der Bau als Prototyp einer neuen Form der Architektur, heute ist er zusammen mit seinen Nebengebäuden als nationales Kulturgut geschützt.

Gestaltgeber des monumentalen Sichtbetonbaus war der Universalgelehrte Rudolf Steiner. Der gebürtige Österreicher gab nicht nur der Architektur neue Impulse. Vor allem von Goethe inspiriert, begründete er die Anthroposophie, ein weltanschauliches Bezugssystem, das weit über das rationale Erkennen der Dinge hinausgeht. Aus der Arbeit Rudolf Steiners gingen unter anderem die Waldorfschulen und die biologisch-dynamische Landwirtschaft hervor.

Form und Material

Das Goetheanum steht an der Stelle von einem Vorgängerbau aus Holz, der kurz nach Fertigstellung in der Silvesternacht 1922/23 abbrannte. Von den kunstvoll geschnitzten Säulen, der bemalten Holzdecke und den geschliffenen Glasfenstern blieb nur ein Trümmerhaufen übrig. Steiner entwarf binnen weniger Tage ein neues Modell. Ernsthaft erkrankt, konnte er die weitere Entwicklung allerdings nur noch vom Krankenbett aus verfolgen. Er

starb am 30. März 1925 noch während der Abbrucharbeiten. Trotz der auf Spenden angewiesenen Finanzlage gingen die Bauarbeiten zügig voran. Bereits 1928 fand die Eröffnungsfeier statt. Beim Neubau fiel die Wahl des Materials auf Beton, nicht nur weil dieser Baustoff mehr Sicherheit als Holz versprach, sondern weil Rudolf Steiner von den Möglichkeiten seiner Formgebung fasziniert war. Er sah darin das Potenzial für mehr künstlerische Freiheit. Beton ist heute nicht jedermanns Sache, doch das mag in erster Linie an der einfallslosen Art und Weise liegen, wie er verbaut wird. Je nachdem, von welcher Seite das Goetheanum betrachtet wird, zeigt es sich mal als ein von Pilastern gegliederter strenger Kubus, mal in einer fließenden Formensprache, die vor allem durch die kühne Dachkonstruktion zum Ausdruck kommt. Die Fenster wirken zunächst scheinbar zusammenhanglos angeordnet, auf den zweiten Blick lassen sie hingegen eine durchdachte Symmetrie erkennen.

Farbenfroh ausgestaltete Bühne im Großen Saal (oben). In einem Teil der Räumlichkeiten ist die Freie Hochschule für Geisteswissenschaft untergebracht (unten). Der zeitlose Sichtbetonbau aus den 1920er-Jahren ist Bühne für Schauspiel und Eurythmie (rechte Seite unten).

Künstlerische Gestaltung

Auf einem geführten Rundgang erschließt sich das Innenleben des imposanten Betonbaus am besten. Kernstück des fünfstöckigen Komplexes, in dem unter anderem die Freie Hochschule für Geisteswissenschaft Platz gefunden hat, ist der Große Saal. Er hat die Grundform eines sich nach vorn öffnenden Trapezes, an das sich die detailreich ausgestaltete quadratische Bühne anschließt. Architektur und Plastik verbinden sich mit einer ausgeklügelten Beleuchtungstechnik und der hervorragenden Akustik zu einem wahren Gesamtkunstwerk. Die 560 Quadratmeter messende Decke ist komplett mit einem spirituellen Bildprogramm ausgemalt, ihre besondere Leuchtkraft erhalten die Bilder durch die Verwendung reiner Naturfarben. In dem für 1000 Personen Platz bietenden Saal mit seinen formschönen Sitzreihen aus Ulmenholz werden regelmäßig internationale Kongresse abgehalten sowie Schauspiele, Eurythmie und Mysteriendramen aufgeführt.

Bei einem Spaziergang über den Dornacher Hügel können weitere Beispiele anthroposophischer Architektur entdeckt werden. Eines der auffälligsten ist das 1915 errichtete Heizhaus, Blickfang der von stilisierten Flammen umzüngelte turmhohe Kamin. Wenige Schritte davon entfernt gibt das Glashaus eine Vorstellung davon, wie das erste Goetheanum ausgesehen hat. Unter den mit norwegischem Schiefer gedeckten beiden Kuppeln befand sich einst die Werkstatt für den Zuschnitt der Glasarbeiten. Das Haus Duldeck etwas westlich vom Goetheanum entwarf Steiner als Privathaus für den wohlhabenden Zahnarzt Emil Grosheintz, der den größten Teil des Baulandes für das Goetheanum gestiftet hatte. Die Räumlichkeiten werden heute von der Nachlassverwaltung genutzt, die das umfangreiche literarische und künstlerische Erbe Rudolf Steiners betreut.

DAS SPEISEHAUS AM GOETHEANUM

Das Speisehaus ging aus einer in den 1920er-Jahren eröffneten Betriebskantine für die Arbeiter am Goetheanum hervor. Schon beim Eintritt durch die hölzerne Flügeltür mit ihren gerundeten Ecken wird der anthroposophische Einfluss deutlich. Mittags stehen zwei Hauptgerichte zur Wahl, eines vegetarisch, das andere mit Fleisch. Wer nur eine Kleinigkeit möchte, wählt ein Stück Quiche oder das Salatbuffet. Fast alle Zutaten kommen aus biologisch-dynamischer Landwirtschaft. Dem Lokal sind ein Naturkostladen, eine Boutique mit Kunsthandwerk und eine Demeter-Bäckerei angeschlossen, die ausschließlich Handgemachtes feilbietet. Als Triebmittel für die kernigen Brotspezialitäten wird anstelle von Hefe und Sauerteig ein spezielles Backferment verwendet. Alle Produkte kann man auch dienstags bis samstags am Marktstand auf dem Basler Tellplatz erwerben.

WEITERE INFORMATIONEN

Goetheanum: Rüttiweg 45, 4143 Dornach 1, Te 061-706 42 42; allgemeine Führung: Sa 14 Uhr, Anmeldung unter Tel. 061-706 44 38, www.goetheanum.org
Vital Speisehaus: Dorneckstr. 2, 4143 Dornach, Tel. 061-706 85 10, geöffnet tgl. 12–16 Uhr, www.speisehaus.ch

Von der Panoramaplattform am Schloss Laufen lässt sich das Wasserspektakel aus sicherer Distanz genießen. Ausflugsboote bringen die Besucher hautnah an den tosenden Wasserfall (rechte Seite unten).

3 Rheinfall – tosendes Naturwunder bei Schaffhausen

Ein Besuch der »Schweizer Niagarafälle«

Das Rauschen ist schon weithin hörbar. Mit donnerndem Getöse stürzt der Rhein bei Schaffhausen eine 23 Meter hohe Kalkstufe herab. Die Höhe mag relativ bescheiden sein, die Breite von etwa 150 Metern macht den Rheinfall dennoch zu einem der ganz großen Wasserfälle in Mitteleuropa. Und das schon seit mehr als 15 000 Jahren.

Seine Entstehung verdankt der Rheinfall der letzten Eiszeit, als sich der von den abschmelzenden Wassermassen der Alpen gespeiste Fluss ein neues Bett suchte und fortan über eine Kalkklippe stürzte. Seine Vermarktung begann in der zweiten Hälfte des 19. Jahrhunderts; die Region wurde damals ans Eisenbahnnetz angeschlossen und brachte fortan immer mehr Schaulustige nach Schaffhausen. Um 1860 eröffneten in Neuhausen die ersten Hotels, die allerdings ein paar Jahrzehnte später wieder schließen mussten. Das Reiseverhalten hatte sich geändert, aus der Mode kam der Rheinfall dennoch nicht. Doch wer heute kommt – jedes Jahr werden rund zwei Millionen Gäste gezählt – bleibt selten länger als zwei Stunden. Besonders viel los ist jeweils Ende Juli, wenn beim »Fire on the Rocks« Lichteffekte und ein Feuerwerk das Naturwunder in Szene setzen. Sofern man zeitig bucht, kann das Spektakel auch vom Boot aus erlebt werden. Wer öfters kommt, wird bemerken, dass die Wassermenge je nach Jahreszeit stark variiert. Im Sommer stürzen etwa 600 000 Liter pro Sekunde hinab, im Winter »nur« 250 000 Liter.

Abenteuerliche Exkursionen

Als erlebnisreiche Unternehmung kann man einen mitten im Rhein gelegenen und dem Wasserfall vorgelagerten Felsen besteigen. Angesichts der vielen internationalen Gäste hat sich für ihn der Name »The Rock« eingebürgert. Von dem Schiffsanleger am Schlössli Wörth aus steuern kleine Boote den Felsen an. Auf einem Pfad wird dann dessen Spitze erklommen. Wer es noch spektakulärer mag: Seit 2010 sorgt ein Adventure Park für zusätzliche Adrenalinausschüttung. Der Seilpark bietet Parcours mit unterschiedlichen Schwierigkeitsgraden für Jung und Alt, für feine Aussichten auf den Wasserfall ist gesorgt. Nicht zur Nachahmung empfohlen: Trotz striktem Fahrverbot versuchen immer wieder wagemutige Extrempaddler den Rheinfall

zu bezwingen. Die erfolgreiche Erstbefahrung wird dem Tschechen Jozef Hanulik zugeschrieben, der 1976 im Kajak auf der nach seiner Herkunft benannten tschechischen Route den Rheinfall befuhr. Aus sicherer Entfernung lässt sich das Naturspektakel vom Schloss Laufen aus beobachten, in dem auch das Besucherzentrum untergebracht ist. Mit einem gläsernen Panoramalift oder auf dem Belvedere-Weg geht es von dort zu einer Aussichtsplattform hinab.

Die Stadt am Wasserfall

Dass es zu dem Wasserfall mit Schaffhausen auch eine Stadt gibt, wird vielfach übersehen. Die vier Kilometer entfernte Grenzstadt zu Deutschland – es ist die nördlichste Stadt der Schweiz – ging aus einem mittelalterlichen Handelsplatz hervor. Der Ort profitierte von seiner nahen Lage am Rheinfall. Für die Schifffahrt vom Bodensee in Richtung Basel war der Wasserfall damals wie heute ein unüberwindbares Hindernis. In Schaffhausen wurden die Lastkähne entladen und die Fracht per Pferdefuhrwerk über Land bis an den Fuß des Wasserfalls transportiert. Von dort konnte die Rheinschifffahrt dann weitergehen. In der schmucken Altstadt fallen etliche Bürgerhäuser im Stil der Gotik und Renaissance auf. Erker und Fresken zieren die Fassaden. Anlaufpunkte sind unter anderem das romanische Münster zu Allerheiligen und der Munot, ein runder Bergfried über der Stadt, von dem sich wunderbar der Lauf des Rheins überblicken lässt.

Schaffhausen war im April 1944 das Ziel eines Luftangriffs der US-Luftwaffe. Grund dafür war die Waffenfabrik im benachbarten Neuhausen, welche Waffen über den Schaffhausener Bahnhof an die Nationalsozialisten lieferte. Bei der Bombardierung kamen 49 Menschen ums Leben. Es war im Zweiten Weltkrieg der folgenschwerste Angriff auf schweizerisches Territorium.

MITTELALTER IN STEIN AM RHEIN

Nicht nur die Lage am Austritt des Rheins aus dem Bodensee ist zauberhaft, auch das Städtchen selbst kann sich sehen lassen. Jedes Jahr strömen Hunderttausende von Tagesausflüglern in die kleine Altstadt am rechten Rheinufer. Mit zwei schmucken alten Stadttoren und vielen von Gotik und Renaissance geprägten Bürgerhäusern vermittelt der 3000-Seelen-Ort ein Stück heimeliges Mittelalter. Hübsch zeigt sich das Rathaus mit historischer Fassadenmalerei. Bürgerliche Wohnkultur aus der guten alten Zeit ist im Stadtpalais Lindwurm zu sehen, und eingekehrt wird traditionell im »Adler« oder in der »Weinstube zum Rothen Ochsen«. Hoch über der Stadt wacht die Burg Hohenklingen, deren wehrhaftem Bergfried Rhein und Bodensee zu Füßen liegen. Von der Schifflände legen übrigens Ausflugsboote ab, mit denen sowohl der Fluss als auch der See erlebbar werden.

WEITERE INFORMATIONEN

Adventure Park, Neuhausen am Rheinfall: Tel. 052-670 19 60 (nur bei schönem Wetter, 16–18 Uhr), geöffnet 31. März–Ende Okt. tgl. 10–19 Uhr, www.ap-rheinfall.ch
Rheinfall-Führungen: Mitte Juli–Mitte Aug. 13.30 Uhr ab Info-Shop am Rheinfall, Erw./ Kind (6–16 J.) 10/5 CHF, www.rheinfall.ch

4 Zürich – kleine Weltstadt ganz groß

Im Spagat zwischen Bankenplatz und Trendquartier

Wenn Städte hinsichtlich ihrer Lebensqualität bewertet werden, landet Zürich immer auf den vordersten Plätzen. Die Limmatstadt ist nicht nur sicher und blitzsauber, ein breit gefächerter Kulturbetrieb, Kunstgalerien und nicht zuletzt ausgezeichnete Einkaufsmöglichkeiten machen sie zum beliebtesten Städteziel der Schweiz. Zürich ist mehr als nur die heimliche Hauptstadt, sie ist die schweizerische Metropole schlechthin. Einziges Manko: Ganz billig lebt es sich an der Limmat nicht.

Neben der Blumenuhr an der Schifflände am Bürkliplatz starten Fahrgastschiffe zu Rundfahrten über den Zürichsee (oben). Die Häuser am Limmatquai haben immer Tuchfühlung zum Wasser (unten). Hinter dem Rathauscafé grüßen die Türme vom Grossmünster (rechte Seite).

Mit Bravour hat die einzig wirkliche Großstadt der Schweiz ihre industrielle Phase hinter sich gelassen und sich zu einem gewichtigen Finanzplatz gewandelt. Zu den rund um den Paradeplatz angesiedelten schweizerischen Großbanken gesellen sich mehr als hundert Dependancen aus dem Ausland, und auch in der Zürcher Versicherungsbranche rollt der Franken kräftig. Auf dem ehemaligen Industrieareal nordwestlich der Altstadt entstand ein Trendviertel mit lebhafter Gastronomie- und Clubszene, das spätestens mit der im Schiffbau eröffneten Spielstätte des renommierten Schauspielhauses auch zum kulturellen Aushängeschild der Stadt avancierte.

Zürichs drei große Sakralbauten

Die Silhouette der Altstadt prägen weder Bankpaläste noch Hochhäuser, sondern seit eh und je Kirchtürme. Auf einem Hügel über dem westlichen Limmatufer steht mit St. Peter die älteste Pfarrkirche der Stadt. Ohne den aufgesetzten Spitzhelm wäre der spätromanische Turm nicht besonders hoch, dafür hat er Masse und kann das mit einem Durchmesser von 8,64 Metern größte Ziffernblatt Europas aufnehmen – auf allen vier Seiten wohlgemerkt! Die Turmuhr wird mittlerweile von einer zentralen Computeranlage gesteuert, sodass alle vier Zeigerpaare mit gewohnt schweizerischer Präzision ihre Arbeit verrichten. Früher gab die Uhr von St. Peter die Leitzeit für Zürich an. Mindestens genauso viel Aufmerksamkeit wie St. Peter sollte man der Fraumünster-Kirche widmen. Das bis ins 9. Jahrhundert zurückgehende ehemalige adlige Damenstift überrascht mit fünf modern bemalten Chorfenstern des russischen Malers Marc Chagall. Auch das Großmünster auf der östlichen Limmatseite hat seine Geschichte. Am Neujahrstag 1519 trat dort ein gewisser Ulrich Zwingli sein Amt als Leutpriester an und predigte fortan von der Reformation. Bereits ein Jahr später wurde im

Das historische Zunfthaus zur Zimmerleuten hält am Limmatqui seit mehr als 300 Jahren die Stellung (oben). Exklusive Adressen liegen an Zürichs Nobelmeile Tür an Tür (Mitte). Flagshipstore an der Bahnhofstrasse (unten). Noch bis vor 200 Jahren hieß der Paradeplatz Schweinemarkt, heute geben dort die Schweizer Großbanken den Ton an (oben rechts).

Kanton Zürich verfügt, dass sich alle Prediger nach dem neu ausgelegten Evangelium Zwinglis zu richten hatten. Einen Kunstgenuss gibt es im Grossmünster übrigens auch. Seit 2009 funkeln in sieben Fenstern des Langhauses abstrakte Achatschnitte – es handelt sich um die letzte große Arbeit des 2010 verstorbenen deutschen Künstlers Sigmar Polke.

Bahnhofstraße – Einkauf total

Fast jeder Ort auf der Welt mit Bahnanschluss hat seine Bahnhofstraße, wirklich berühmt ist jedoch nur jene in Zürich. Bei einem Bummel durch die vielleicht nobelste Flaniermeile Europas erinnert wirklich rein gar nichts daran, dass hier noch im vorletzten Jahrhundert der Stadtgraben entlanglief. Spätestens 1867 hatte er seine Schuldigkeit getan und wurde kurzerhand zugeschüttet, seither verbindet ein von Linden flankierter Bou-

levard den Hauptbahnhof mit dem Zürichsee. Auf einer Länge von 1,4 Kilometern konzentriert sich auf der Luxusmeile alles, was die sündhaft teuren Mieten aufbringen kann: exklusive Kaufhäuser, Juweliere und Edelboutiquen von Gucci bis Prada. Nicht wenige der internationalen Filialisten haben einen ihrer Flagshipstores in der Bahnhofstrasse. Wer über Uhren und Schmuck hinaus nach typischen Landesprodukten sucht, wird in der Bahnhofstrasse 2 fündig. Ursprünglich sollte das 1930 von dem Schweizer Bauernverband gegründete Schweizer Heimatwerk den Bergbauern ein Zubrot liefern, indem sie im Winter, wenn das Kulturland unter einer dicken Schneedecke liegt, altes Handwerk pflegten, das dann in den Städten verkauft werden konnte. Aus der Idee entstand ein großer Geschenkanbieter, der vom Matterhorn in der Glaskugel bis zur gegossenen Kuh-

glocke ein breites Angebot für die Da-heimgebliebenen bereithält. Doch wie alles in der Bahnhofstrasse hat auch das mit Bernhardinerhund Barry handbemalte Holzpuzzle seinen Preis. Anders als die Billigware im Souvenirladen wird es nicht in Fernost hergestellt, sondern in der Schweiz selbst mit schweizerischen Löhnen.

Staunen im Regenwald

Im Züricher Zoo kann man spielend einen ganzen Tag verbringen. Vom Amurtiger bis zum Zwergflusspferd warten etwa 345 Arten aus allen Erdteilen darauf, entdeckt zu werden. Das Zoo-Areal ist zwar weitläufig, dennoch lässt sich binnen weniger Gehminuten der Kontinent wechseln. Spannend sind die Erlebnisführungen durch das Pantanal, das einen Einblick in die Artenvielfalt des südameri-

kanischen Feuchtgebiets gewährt. Inmitten der üppigen Vegetation kommt man an Tapiren, Totenkopfäffchen und einer Gruppe Rosa Flamingos vorbei. Mehr als nur ein Fluchtpunkt im Winter ist die mollig warme Masoala-Regenwaldhalle. Seit ihrer Eröffnung 2003 avancierte sie zur Hauptattraktion des Zoos. Mit akribischer Sorgfalt wurde dort ein Stück madagassischer Regenwald nachgebaut. In der bis zu 30 Meter hohen Halle erwartet den Besucher ein dichter tropischer Dschungel mit Bambushainen, Palmfarnen und Affenbrotbäumen. Insgesamt wuchern bei warmfeuchten Temperaturen von rund 28 Grad Celsius mehr als 20 000 Pflanzen, darunter viele, die man ansonsten nur auf Madagaskar sehen kann. Mit etwas Geduld sind auch einige der Stars der madagassischen Fauna zu entdecken, etwa ein Weißkopfmaki oder

Das Polybähnli ist eine Züricher Institution (oben). Restaurants in der Marktgasse (Mitte). Szenetreff Rote Fabrik (unten). Bootsanleger an der Limmat (unten links). Zürichs Wappentier am Eingang zum Jachthafen Enge (Seite 34 oben). Promenade am Zürichsee (Seite 34 unten). Liegewiese am Zürichhorn (Seite 35 oben). Abendunterhaltung am Utoquai (Seite 35 unten).

ein Rodrigues-Flughund. Die Masoala-Halle ist nicht nur Kassenfüller, ein Teil der Einnahmen des Zoos fließt direkt in Naturschutzprojekte nach Madagaskar.

Weite See- und Alpenblicke

Zürich ist nicht gleich Alpen, die sind noch ein gutes Stück weg. Die Berge im unmittelbaren Umfeld der Metropole nehmen sich relativ bescheiden aus, der höchste davon ist der Uetliberg, von dem sich bei klarer Sicht ein wunderbares Panorama auf den Hauptalpenkamm entfaltet, und ganz nebenbei auch auf die zu Füßen liegende Stadt am See. Bis 1920 zuckelte eine Dampflokomotive auf den 871 Meter hohen Hausberg hinauf. Heute erreicht man den Uetliberg vom Hauptbahnhof aus mit der S-Bahn bequem im Halbstundentakt in 20 Minu-

ten. Der Berg ist mit Wanderwegen erschlossen und natürlich gibt es auch ein Gipfellokal mit einladender Terrasse. Wer möchte, kann auch länger in dem Vier-Sterne-Hotel bleiben.

Auch vom Ufer des Zürichsees genießt man einen Alpenblick, immer vorausgesetzt, die majestätischen Bergriesen sind nicht von Wolken eingenebelt. Das beste Panorama genießt man vom Bürkliplatz aus: Unverstellt schweift der Blick über den spiegelglatten See auf die Dreitausender der Glarner Alpen. Nimmt man von der Schiffsanlege am Bürkliplatz eines der Kurschiffe nach Rapperswil, kommt man den Bergriesen noch ein Stückchen näher. Jenseits vom Seekai in Rapperswil laden Gassen zu einem Spaziergang durch die Altstadt und zum mittelalterlichen Schloss ein.

SÜSSES VON SPRÜNGLI

Baiser de Mousse bedeutet soviel wie Schaumkuss. Durchsetzen konnte sich der Name allerdings nicht. Heute wird das Konfekt der Confiserie Sprüngli nach der Herkunft des erfinderischen Konditors Camille Studer benannt, Luxemburg eben. Grundstoff ist eine zart schmelzende Buttercreme, die zwischen einen Meringue-Biskuitteig gepackt wird. »Luxemburgerli« gibt es in über 30 Geschmacksrichtungen, von Holunderblüte bis Mango, von Bourbon-Vanille bis Pistazie. Wenn schon Schokolade glücklich macht, was lösen dann erst Luxemburgerli aus? Der Stammkundschaft jedenfalls gelten die Makrönchen als luftigste, leichteste Versuchung, die es je gab. Und das seit mehr als 50 Jahren. Nur eines sollte bedacht werden: Die kleinen Köstlichkeiten sind ein Frischeprodukt und werden am besten sofort verzehrt. In Sprünglis Online-Shop werden sie daher auch nur per Express verschickt.

WEITERE INFORMATIONEN

Confiserie Sprüngli: Bahnhofstr. 21, 8022 Zürich, Tel. 044-224 46 46
Zürich Tourist Service: Im Hauptbahnhof, Tel. 044-215 40 00, 1. Nov.–30. April Mo–Sa 8.30–19, So 9–18 Uhr, 1. Mai–31. Okt. Mo–Sa 8–20.30, So 8.30–18.30 Uhr, www.zuerich.com

5 Winterthur – Industriekultur und Kunsterlebnis

Die famosen Sammlungen von Oskar Reinhart

Maschinenbau und Textilien machten Winterthur ab dem 19. Jahrhundert zu einem schnell wachsenden Industriestandort. In jener Zeit entstandene repräsentative Bauten künden bis heute vom Wohlstand der Stadt. Auch die Industrie hinterließ Spuren, spielt allerdings nicht mehr die erste Geige. Besucher kommen vornehmlich wegen der Kunst nach Winterthur. Der Sammler und Mäzen Oskar Reinhart vermachte seiner Heimatstadt gleich zwei Sammlungen von Weltformat.

Gottfried Sempers Stadthaus brachte ein Stück Antike nach Winterthur (oben). Am Technikum werden Architektur und Ingenieurskunst studiert, 1901 unterrichtete hier Albert Einstein als Aushilfslehrer Mathematik (unten). Zwillingstürme der Winterthurer Stadtkirche (rechte Seite oben). Lebensader in Winterthurs Altstadt ist die autofreie Marktgasse (rechte Seite unten).

Die von Zürich weniger als eine halbe S-Bahn-Stunde entfernte Industriestadt stand immer etwas im Schatten des großen Nachbarn, nicht selten wird Winterthur zur Vorstadt von Zürich degradiert. Zwar gehört die Stadt zum Kanton Zürich, sie ist jedoch eine eigenständige Großstadt mit derzeit 105 000 Einwohnern. Bei der Stadtplanung wurde großzügig an Grünflächen und Parks gedacht, sodass sich Winterthur heute dem Besucher als Gartenstadt präsentiert. Das Stadtbild wird von zwei Hochhäusern überragt, in dem Roten Turm hat die Swisscom ihre Büros, in dem anderen die Sulzer AG, mit etwa 17 000 Mitarbeitern ist der Maschinenbauer einer der wichtigsten Industriekonzerne des Landes.

Beschauliche Altstadt

Ein Bummel durch die Innenstadt gestaltet sich ausgesprochen entspannt, die Einkaufsstraßen und Gassen sind komplett autofrei. Lebensader ist die Marktgasse mit dem klassizistischen Rathaus, in dem alte niederländische Meister ausgestellt werden. Ein Stück antikes Griechenland verkörpert das von Gottfried Semper zwischen 1865 und 1870 erbaute Stadthaus. Der monumentale Sandsteinbau gehört mit seiner auslandenden Freitreppe und der korinthischen Säulenfront zu den wichtigsten Bauten des Historismus. Semper lehrte zu jener Zeit Architektur am Zürcher Polytechnikum, an dessen Bau er ebenfalls maßgeblich beteiligt war. Kunstinteressierte zieht es in das nur ein paar Schritte vom Stadthaus entfernte Museum Oskar Reinhart am Stadtgraben. Oskar Reinhart erbte von seinem Vater Theodor nicht nur die Vorliebe für die schönen Künste, sondern auch den notwendigen finanziellen Spielraum, um Kunst zu erwerben. Das Handelshaus der Reinharts machte mit dem Import von klassischen Kolonialwaren ein

Vermögen, im 20. Jahrhundert gehörte es zu den weltweit größten Händlern von Baumwolle. Mit 39 Jahren zog sich Oskar Reinhart aus dem operativen Geschäft zurück, um sich fortan ganz seiner Sammelleidenschaft zu widmen. Am Stadtgarten werden rund 500 Bilder und Plastiken aus der Zeit des 18. bis 20. Jahrhunderts präsentiert. Der Schwerpunkt liegt dabei auf der schweizerischen, deutschen und österreichischen Malerei. Aus der Eidgenossenschaft sind alle große Namen vertreten, allen voran Alberto Giacometti, Ferdinand Hodler und Giovanni Segantini. Eine der Attraktionen der Sammlung ist das berühmteste Gemälde der Deutschen Romantik – Caspar David Friedrichs im Jahr 1818 gemalte Kreidefelsen auf Rügen.

Die Villa des Mäzens

Oskar Reinhart wohnte bis zu seinem Tod 1965 inmitten seiner erworbenen Kunst in der Villa Flora am Römerholz am nördlichen Stadtrand von Winterthur. Dort empfing er nicht selten interessierte Bewunderer, darunter viele Geschäftsleute aus dem nahen Zürich. Um von diesen möglichst unvoreingenommene Kommentare über seine Sammlung zu erhalten, führte er einmal als Butler verkleidet seine Gäste durch die Sammlung, die dem Multimillionär dann zum Dank für seine aufmerksame Begleitung ein Trinkgeld zusteckten. Ein prächtiger Garten mit altem Baumbestand umgibt das repräsentative Anwesen, das Reinhart samt Sammlung der Stadt Winterthur vermachte. Kernstück der Sammlung Römerholz sind Arbeiten der französischen Impressionisten, etwa Cézannes »Stillleben mit Fayencekrug« (um 1900) oder Edgar Degas' »Tänzerin in ihrer Loge« (um 1879). Von Vincent van Gogh ist »Der Innenhof des Hospitals von Arles« (1889) vertreten, den dieser ein Jahr vor seinem Selbstmord auf der Leinwand festhielt. Daneben finden sich auch altdeutsche Meister, etwa das wunderbare »Porträt der Anna Putsch« (1502) von Lucas Cranach d. Ä.

TOR ZUM UNIVERSUM

Das kleine Gebäude der Sternwarte Eschenberg könnte unscheinbarer nicht sein. Etwas verloren steht es auf einer großen Lichtung im Stadtwald – der Platz ist relativ lichtgeschützt. Unter dem verschiebbaren Giebeldach versteckt sich ein 40-Zentimeter-Teleskop, durch das man sogar die von Kratern überzogene Mondoberfläche betrachten kann. Das Mini-Observatorium wird von der Astronomischen Gesellschaft Winterthur betrieben. 2006 wurde auf der Sternwarte ein Kleinplanet entdeckt und nach der Winterthurer Musikerin Hannawieser benannt.

WEITERE INFORMATIONEN

Museum Oskar Reinhart am Stadtgarten: Stadthausstr. 6, 8400 Winterthur, Tel. 052-267 51 72, Di 10–20, Mi–So 10–17 Uhr, www.museumoskarreinhart.ch
Sammlung Oskar Reinhart am Römerholz: Haldenstr. 95, 8400 Winterthur, Tel. 052-269 27 40, Di–So 10–17, Mi 10–20 Uhr, www.roemerholz.ch
Sternwarte Eschenberg: Eschenbergstr., 8400 Winterthur, Tel. 052-337 28 48, Ende März–Ende Okt. Mi 20.30–22.30 Uhr, Ende Okt.–Ende März Mi 19.30–ca. 21.30 Uhr (nur bei schönem Wetter), www.eschenberg.ch

6 Stiftsbibliothek St. Gallen – Juwel des Rokoko

Ein UNESCO-Welterbe als Gesamtkunstwerk

Angesichts der barocken Pracht wird leicht nachvollziehbar, warum die Bibliothek der ehemals einflussreichen Benediktinerabtei St. Gallen zum Welterbe ernannt wurde. Auch das Kloster selbst kann sich sehen lassen, 2012 feierte man das 1400-jährige Jubiläum seiner Gründung.

Stuckarbeiten, edle Hölzer aus Kirsch- und Nussbaum und ausladende Deckengemälde machen den St. Galler Lesesaal zu einem barocken Gesamtkunstwerk.

Genaue Lebensdaten des Hl. Gallus sind nur schwer verifizierbar, dafür ranken sich viele Legenden um ihn. Es soll im Jahr 612 gewesen sein, als der irische Wandermönch auf seiner Missionsreise quer durch Europa den Bodensee erreichte und ein paar Kilometer von dessen Südufer entfernt im Tal der Steinach ein schlichtes Bethaus errichtete. Das Datum markiert die Grundsteinlegung für einen Klosterstaat, aus dem einer der prächtigsten Sakralbauten im deutschsprachigen Raum hervorgehen sollte. Sein spätbarockes Aussehen erhielt das St. Gallener Kloster in der Mitte des 18. Jahrhunderts. Für den Bau der Kathedrale mit ihrer monumentalen Doppelturmfassade zeichnete der Vorarlberger Baumeister Peter Thumb verantwortlich, die herausragenden Stuckfriese sind ein Werk des Freiburger Bildhauers Johann Christian Wentzinger.

Für viele Besucher ist die Hauptattraktion aber die Stiftsbibliothek. Nach Betreten des schönsten Büchersaals der Schweiz weiß man gar nicht, was zuerst bestaunt werden soll: der kunstvoll gestaltete Lesesaal oder dessen Inventar. Auch am Entwurf der Bibliothek war Peter Thumb maßgeblich beteiligt. Die ausladenden Deckengemälde schuf Joseph Wanninger – Rokoko in Vollendung. Akkurat geordnet stehen mittelalterliche Handschriften und in Leder gebundene Folianten in fein gearbeiteten Intarsienschränken aus Kirschbaumholz.

Der wertvollste Schatz ist der Codex Abrogans, ein lateinisch-althochdeutsches Wörterbuch von 790 – ein älteres deutsches Schriftstück wird man schwerlich finden. Anders als viele der von Mönchen angefertigten Prachthandschriften fällt der Abrogans ausgesprochen schlicht aus, er ist einfach nur uralt. Allein deswegen wird er hinter Stahltüren aufbewahrt.

INFO: Stiftsbibliothek St. Gallen, Klosterhof 6D, 9004 St. Gallen, Tel. 071-227 34 16, Mo–Sa 10–17, So 10–16 Uhr, www.stiftsbibliothek.ch St. Gallen-Bodensee Tourismus, Bahnhofplatz 1a, 9001 St. Gallen, Tel. 071-227 37 37, Mo–Sa 10–17, So 10–15 Uhr, www.st.gallen-bodensee.ch

7 Abtei Maria Einsiedeln – das religiöse Zentrum der Schweiz

Ein Wallfahrtskloster im Finstern Walde

Das Kloster Einsiedeln im Kanton Schwyz ist nicht nur ein herausragendes Beispiel barocker Sakralarchitektur, es ist zugleich der bedeutendste Wallfahrtsort der Schweiz. Und ganz auf der Höhe der Zeit steht ihm ein »digitaler Abt« vor.

Die Klostergründung geht auf den Benediktinermönch Meinrad zurück. Dieser zog um 835 von der Insel Reichenau in eine damals »Finstern Walde« genannte fast menschenleere Gegend, um fortan als Eremit der Welt zu entsagen. Meinrad lebte in einer einfachen Einsiedlerklause. Etwa 100 Jahre später entstand daraus eine Benediktinerabtei. So gut wie keine baulichen Zeugnisse überdauerten die romanische Epoche. Der heutige quadratische Grundriss des Klosterkomplexes geht auf die erste Hälfte des 18. Jahrhunderts zurück, die Westseite beherrscht eine monumentale Doppelturmfassade.

Pilger nehmen vor dem Betreten der Kirche nach alter Tradition einen Schluck Wasser aus dem Brunnen vor dem Hauptportal. Die Klosterkirche im Stil des Vorarlberger Barock entstand nach einem Entwurf des österreichisch-schweizerischen Baumeisters Caspar Moosbrugger. An der Innenausstattung wirkten unter anderem die Münchner Brüder Asam mit, seinerzeit die geschätztesten Künstler im deutschsprachigen Raum. Neben

großflächigen Decken- und Wandfresken schufen sie auch die von Engelsfiguren gerahmte vergoldete Kanzel. In einer mit dunklem Marmor ausgekleideten Marienkapelle wird ein Gnadenbild der Schwarzen Madonna verehrt.

Heute leben etwa 60 Mönche nach den Regeln des Hl. Benedikt in Einsiedeln. Der Gemeinschaft steht seit dem Jahr 2001 Martin Werlen vor. Der 58. Abt von Einsiedeln ist bei Twitter unter @AbtMartin aktiv, seine Tweets werden von einer ständig wachsenden Fangemeinde gelesen. In der Stiftskirche stimmen die Klosterbrüder jeden Tag um 16.30 Uhr das »Salve Regina« an.

Im großen Klosterladen kann neben Devotionalien und Weihnachtskrippen auch eine in der Stiftskirche eingespielte CD mit gregorianischen Gesängen erworben werden.

INFO: Kloster Einsiedeln, 8840 Einsiedeln, Führungen, Tel. 055-418 44 88; Führungen: Mo–Sa 8–11, 13.30–16.15, Mo–Fr 17–18 Uhr, feiertags keine Führungen, www.wallfahrt-einsiedeln.ch, www.kloster-einsiedeln.de

Erste Anlaufstelle für Wallfahrer und Besucher gleichermaßen ist der zwölfarmige Marienbrunnen auf dem Klosterplatz (oben). Im Zentrum der Verehrung steht das spätgotische Gnadenbild einer Schwarzen Madonna (unten).

Vom Südufer des Vierwaldstätter Sees zeigt sich die Rigi in ihrer ganzen Schönheit, im Vordergrund die Pfarrkirche St. Heinrich von Beckenried (oben). Von den Terrassencafés am Ufer der Reuss hat man die Luzerner Altstadt im Blick (unten). Das Luzerner Altstadtlokal »Fritschi« ist nicht zuletzt wegen der originellen Fassadenmalkunst berühmt (rechte Seite).

9 Luzern – Perle am See

Kunst, Kultur und Berge rund um die Luzerner Riviera

Historische Altstadtgassen, ein Musikfestival von Weltrang und Picassos en masse, den See vor der Haustür und die Berge im Hinterzimmer – Luzern muss man einfach mögen. Es ist eine charmante Stadt, in der man sich auf Anhieb wohlfühlen kann. In Übersee und Fernost weiß man das schon lange. Nicht nur die pittoreske Lage am See überzeugt, auch die Ausflugsmöglichkeiten sind phänomenal.

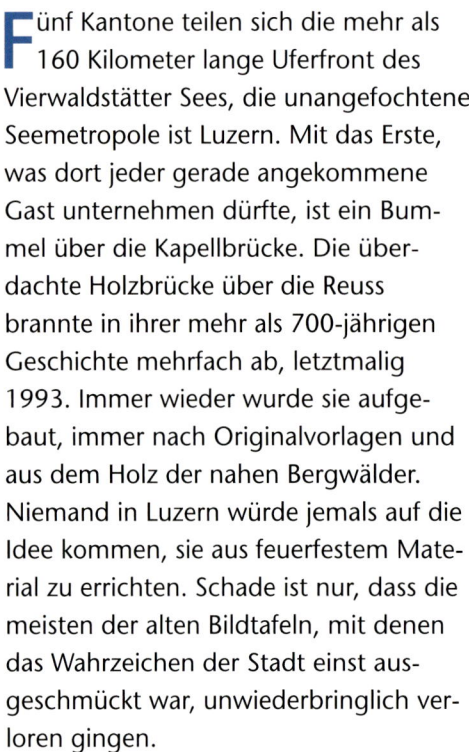

Fünf Kantone teilen sich die mehr als 160 Kilometer lange Uferfront des Vierwaldstätter Sees, die unangefochtene Seemetropole ist Luzern. Mit das Erste, was dort jeder gerade angekommene Gast unternehmen dürfte, ist ein Bummel über die Kapellbrücke. Die überdachte Holzbrücke über die Reuss brannte in ihrer mehr als 700-jährigen Geschichte mehrfach ab, letztmalig 1993. Immer wieder wurde sie aufgebaut, immer nach Originalvorlagen und aus dem Holz der nahen Bergwälder. Niemand in Luzern würde jemals auf die Idee kommen, sie aus feuerfestem Material zu errichten. Schade ist nur, dass die meisten der alten Bildtafeln, mit denen das Wahrzeichen der Stadt einst ausgeschmückt war, unwiederbringlich verloren gingen.

Die Wiege des Alpentourismus

Mit seinen 1880 erschienenen Reisenotizen »Bummel durch Europa« machte Mark Twain den Vierwaldstätter See in Übersee bekannt. »Wir sollten jeden Sommer hier verbringen«, schrieb der amerikanische Schriftsteller angesichts der stimmungsvollen See- und Bergpanoramen.

Wenige Jahre zuvor löste die 1871 eröffnete Bergbahn auf die Rigi einen Massenansturm auf den ein paar Kilometer östlich von Luzern gelegenen Aussichtsberg aus. Die erste Zahnradbahn Europas galt zu jener Zeit als eine Meisterleistung der Ingenieurskunst. Bereits im ersten Jahr ließen sich damit 60 000 Fahrgäste auf die Rigi bringen. Geschickt als »Königin der Berge« vermarktet wurde die sich über den Ufern des Vierwaldstätter Sees erhebende Bergkette zum Synonym für den Alpentourismus. Die relativ bescheidene Höhe von nicht einmal ganz 1800 Metern spielte dabei keine Rolle. Bald konnte man im Grandhotel Schreiber auf dem Gipfel auch relativ komfortabel übernachten. Das sechsstöckige Berghotel bot Platz für 250 Gäste. Fast alle blieben nur eine Nacht, um am anderen Morgen in aller Frühe den Sonnenaufgang zu erleben.

Seit dem Mittelalter spannt sich die überdachte Spreuerbrücke über die Reuss (oben). In den Giebelfeldern der Spreuerbrücke zeigen Bildtafeln den Totentanz (Mitte). An Luzerns Wasserfront lädt ein Schiffslokal zum Brunch (unten). Das postmoderne Kultur- und Kongresszentrum von Jean Nouvel bringt Kontraste ins alte Stadtbild von Luzern (oben rechts).

Bergbahnen auf Titlis und Stanserhorn

Die Rigi wird nach wie vor gut besucht, doch der Berg hat durch den Titlis im Süden von Luzern mächtig Konkurrenz bekommen. Der höchste Aussichtspunkt der Zentralschweiz überragt mit seinen 3020 Metern die Rigi um mehr als einen Kilometer. Der Clou bei der Seilbahnauffahrt sind um die eigene Achse sich drehende runde Kabinen, die dem Fahrgast jede Minute ein anderes Panorama schenken. Auf dem Gipfel herrscht babylonische Sprachverwirrung. Ganz normal ist das Bild von zwei Damen aus Fernost, die sich in nagelneuen Schweizer Trachtenblusen und mit einem Alphorn auf den Schultern ablichten lassen. Das Hintergrundmotiv ist frei wählbar: In den Berner Alpen zeigt sich der Eiger, im Norden lassen sich wie im Miniaturformat die Höhenrücken des Schwarzwaldes

ausmachen. Und auf die zum Greifen nahe Rigi-Kette kann man natürlich auch wunderbar hinabschauen. Die drehbaren Kabinen der Titlis-Seilbahn haben jüngst einen neuen Mitbewerber bekommen. Seit 2012 führt eine hypermoderne Cabrio-Seilbahn auf das 1900 Meter hohe Stanserhorn hinauf – die doppelstöckigen Kabinen sind mit einem offenen Oberdeck ausgestattet.

Musik liegt in der Luft

Klassik spielt am Vierwaldstätter See eine große Rolle. Der Ursprung des heute weltberühmten Lucerne Festivals geht auf einen Sommertag 1938 zurück, als im Garten des ehemaligen Landhauses von Richard Wagner am Stadtrand von Luzern Meisterdirigent Arturo Toscanini das »Sigfried-Idyll« zum Besten gab. Einen kräftigen Schub erhielt das Musikfest

im Jahr 2000. Seither wird als Konzertbühne das von dem Stararchitekten Jean Nouvel entworfene Kultur- und Kongresszentrum (KKL) genutzt. Praktisch alles, was in der Klassikwelt Rang und Namen hat, hat Luzern im Programmkalender: von Anne Sophie Mutter über Sir Simon Rattle bis hin zu Lang Lang waren alle schon da. Und alle loben sie die phänomenale Akustik des direkt am Seeufer platzierten avantgardistischen Baus. Ein kleines architektonisches Malheur ist mittlerweile auch behoben. Nouvel hatte die spritzige Idee, das Wasser des Vierwaldstätter Sees in Form kleiner Kanäle ins Haus zu holen. Seit die Stege von Geländern gesichert sind, fällt niemand mehr ins Wasser.

Sammlung Rosengart

Als Außenstehender macht man sich mitunter gar nicht klar, dass Leute wie Picasso auch nur normale Menschen waren, die über das bloße Geschäft hinaus freundschaftliche Kontakte zu Galeristen und Kunsthändlern unterhalten konnten. Das Beispiel der Familie des Kunsthändlers Siegfried Rosengart zeigt dies: Während des jahrzehntelangen Kontakts porträtierte Picasso ganze fünf Mal die Tochter des Hauses, Angela Rosengart. Angela Rosengart eröffnete im Jahr 2002 in den ehemaligen Räumlichkeiten der Nationalbank in der Pilatusstrasse die private Kunstsammlung für das Publikum. Die hier gezeigten Bilder spiegeln den persönlichen Geschmack der Rosengarts wider: Sie sind »mit dem Herzen erwählt«. Die beiden Schwerpunkte der Sammlung sind leicht auszumachen. Von den mehr als 300 ausgestellten Werken stammen 125 von Paul Klee, von Picasso sind es 132, darunter etliche aus dem Spätwerk des Meisters. Die fünf Porträts

Titlis-Seilbahn über dem Trübsee (oben). Barocker Sakralbau am Ufer der Reuss – die Luzerner Jesuitenkirche (Mitte). Seit 1871 in Betrieb – die Zahnradbahn zur Rigi (unten). Die Seemetropole am Ausgang der Reuss (unten links). Dorfidyll am Vierwaldstätter See (Seite 46). Aussichtsterrasse Urmiberg über dem Urner See (Seite 47 unten).

der Angela Rosengart hängen in einem eigenen Raum im Obergeschoss. Vielleicht ist die Dame des Hauses ja zufällig selbst in der Nähe.

Weg der Schweiz

Der südwestliche Arm des Vierwaldstätter Sees heißt Urnersee. An seinem Ufer liegt die Rütliwiese, auf der im Jahr 1291 Vertreter der drei Schweizer Urkantone Uri, Schwyz und Unterwalden einen Eid auf gegenseitigen Beistand leisteten und damit die Keimzelle für den heutigen Kantonalstaat legten. Am Rütli beginnt ein als »Weg der Schweiz« markierter Themenwanderweg, der über die Ortschaften Seelisberg und Flüelen rund um den Urnersee nach Brunnen führt. Entlang der 35 Kilometer langen Route wird Schritt für Schritt die Landesgeschichte erfahrbar, jeder der 26 Kantone stellt sich

nach der Reihenfolge seines Beitritts in die Eidgenossenschaft mit einem Grenzstein vor. Flotte Wanderer schaffen die geraffte Zeitreise durch das Land in elf Stunden. An allen Etappenzielen gibt es aber auf Wanderer eingestellte Unterkünfte, sodass man sich auch zwei oder drei Tage Zeit lassen kann.

Ein Kleinod am Wegesrand ist die direkt ans Wasser gebaute Tellskapelle. Vier Fresken erzählen dort die Legende des Schweizer Nationalhelden Wilhelm Tell, vom Rütlischwur über Apfelschuss und Tellsprung (nach der Sage fand dieser genau am Standort der Kapelle statt) bis zu Gesslers Tod in der Hohlen Gasse. Ob es einen Tell tatsächlich jemals gab, ist allerdings eine andere Geschichte. Friedrich Schiller hätte an dem 1880 errichteten Kapellchen jedenfalls sicher seine helle Freude gehabt.

VERKEHRSHAUS DER SCHWEIZ

Das Verkehrshaus gehört zu den beliebtesten Museen der Schweiz, jedes Jahr zieht es über eine halbe Million Besucher an. Auf mehr als 20 000 m² wird alles ausgebreitet, was mit Verkehr und Mobilität zu tun hat. Ein Schwerpunkt unter vielen sind Schweizer Schienenfahrzeuge, einer der Stars die Güterzuglok »Krokodil«, die in den 1920er-Jahren durch den Gotthard-Tunnel fuhr. Was sich auf der Straße und im Wasser fortbewegt, kommt auch nicht zu kurz, Berg- und Seilbahnen nehmen ebenfalls viel Raum ein. In interaktiven Simulatoren kann man sich zudem wie im Flugzeug oder Helikopter fühlen. Im hauseigenen XXL-Kino werden ausgewählte Kassenschlager, Natur- und 3D-Filme auf eine 500 m² große Leinwand projiziert. Mehr Bildfläche gibt es nirgends in der Schweiz.

WEITERE INFORMATIONEN

Luzern Tourismus: Zentralstr. 5 und Bahnhofstr. 3, 6002 Luzern, Callcenter Tel. 041-227 17 17, Mo–Fr 8–17, Sa 9–13 Uhr; Touristeninfo: Mo–Fr 8.30–19, Sa 9–19, So 9–17, feiertags 9–19 Uhr, www.luzern.com
Verkehrshaus der Schweiz: Lidostr. 5, 6006 Luzern, geöffnet tägl. 10–18 Uhr, im Winter bis 17 Uhr, Tel. 041-370 44 44, www.verkehrshaus.ch

Bis ins 16. Jahrhundert war es verboten, den sagenumwobenen Pilatus zu besteigen, heute genießt man vom Kulm umso mehr das sagenhafte Panorama.

10 Pilatus – Fünf-Sterne-Aussicht über dem Vierwaldstätter See

Mit der »Goldenen Rundfahrt« auf den Luzerner Hausberg

Der 2132 Meter hohe Pilatus ist ein beliebtes Gipfelziel für Bergwanderer. Sofern man die Sache nicht ganz so sportlich angehen will, bietet sich eine erlebnisreiche Rundreise an, die Schiff, Zahnradbahn und Seilbahn auf wunderbare Weise miteinander kombiniert.

Die Luzerner liebten ihren Hausberg nicht immer. Bis ins Mittelalter hinein wurden auf dem Gipfel Drachen, Hexen und Zauberer vermutet, die ab und an schwere Unwetter auf die Stadt hinabgeschickt haben sollen. Auch zu Pontius Pilatus gibt es eine Legende. Er soll in einem heute verlandeten Bergsee an der Ostseite des Pilatus-Massivs seine letzte Ruhe gefunden haben. Damit er dort in Frieden sein konnte, war der Zugang in die Region bis ins 16. Jahrhundert unter Strafe gestellt.

Das hat sich heute geändert, bestraft wird nur (natürlich nur indirekt), wer die Goldene Rundfahrt verpasst. Los geht es in Luzern an der Schifflandungsbrücke vor dem Bahnhofplatz. Die Dampfschifffahrt über den Vierwaldstätter See und seinen kleinen Fortsatz, den Alpnachersee, ist einfach nur schön. In Alpnachstad steigt man in die roten Triebwagen der steilsten Zahnradbahn der Welt um, die schon seit 1889 zum Pilatus Kulm verkehrt, zunächst im Dampfbetrieb, ab 1937 dann elektrifiziert. Die Reisegeschwindigkeit ist mit neun bis zwölf

Stundenkilometern ausgesprochen moderat – kein Wunder, gilt es doch bis zu 48 Prozent Steigung zu bewältigen. Anfangs zuckelt man noch über Alpwiesen, dann spektakulär über schroffen Fels und an nackten Wänden entlang, an dem selbst Steinböcke ihre Mühe haben. Vom Pilatus Kulm aus zeigt sich der Vierwaldstätter See in seiner ganzen Größe, seine Arme strecken sich wie Kraken in die Berglandschaft. Die Rückfahrt vom Kulm nach Fräkmüntegg hinab übernimmt eine Luftseilbahn. An der dortigen Bergstation kann man je nach Gusto eine turbulente Schussfahrt mit der 1350 Meter langen Sommerrodelbahn unternehmen, einen der luftigen Parcours des Pilatus-Seilparks testen oder im Berggasthaus noch ein letztes Mal das Panorama genießen. Oder man schwebt einfach mit der Gondel weiter bis nach Kriens, wo schon der Bus zum Luzerner Bahnhof wartet.

INFO: Pilatus Bahnen, 6010 Kriens/ Luzern, Tel. 041-329 11 11, Zahnradbahnbetrieb: Mitte Mai–Mitte Nov., www.pilatus.ch

Seit 1889 zuckeln die roten Waggons der steilsten Zahnradbahn der Welt auf den Pilatus hinauf (oben). Rigi-Kulm – ein bevorzugter Logenplatz über dem Vierwaldstätter See (unten).

11 Entlebuch – die erste Biosphäre der Schweiz

Nachhaltige Wirtschaft in voralpiner Moor- und Karstlandschaft

Das Entlebuch ist bis dato das einzige Biosphärenreservat des Landes. Es ist eine stille Region im Herzen der Zentralschweiz, die außerhalb der Landesgrenzen nur Insidern bekannt ist. Markenzeichen ist eine intakte Naturlandschaft, und das soll auch zukünftig so bleiben.

Das 2001 in die UNESCO-Welterbeliste aufgenommene Biosphärenreservat umfasst ein rund 400 Quadratmeter großes Gebiet im Tal der Kleinen Emme zwischen Bern und Luzern. Wie hingestreut liegen die hiesigen Dörfer und Höfe zwischen Wäldern und Wiesen. In der ländlich geprägten Region leben lediglich 17 000 Menschen, Hauptort der acht Gemeinden ist Schüpfheim, dort hat auch das Biosphärenzentrum seinen Sitz.

Auf relativ kleinem Raum konzentrieren sich im Entlebuch ganz unterschiedliche Naturräume, allen voran Moore, Auenlandschaften, Trockenwiesen und auf der Schrattenfluh auch bizarre Karstflächen. Die Hoch- und Flachmoore sind ein Nischenlebensraum für eine hoch spezialisierte Pflanzengesellschaft, zu der unter anderem Wollgräser und fleischfressender Sonnentau zählen.

Das erklärte Ziel der Biosphäre ist ein nachhaltiges Wirtschaften zwischen Mensch und Natur. Dazu gehört es auch, den sanften Tourismus zu fördern. Lebens-, Wirtschafts- und Erholungsraum

gehen im Entlebuch Hand in Hand. Zur Vermarktung der lokalen Produkte wurde die Marke »Echt Entlebuch« eingeführt, mit Erfolg: Mittlerweile tragen rund 300 Produkte das Gütesiegel. In kleinen Dorfkäsereien werden allein rund 100 verschiedene Käsesorten hergestellt, etwa der Entlebucher Bergblumenkäse. Neben Wurstwaren und Konfitüren findet sich auch so manch ausgefallene Spezialität. Haben Sie schon mal Löwenzahngelee oder Tannenzweigdicksaft probiert?

Über das kulinarische Angebot hinaus – man bekommt es in vielen Bäckereien und Dorfläden – werden auch Dienstleistungen und touristische Angebote mit dem Siegel ausgelobt. Schreiner zimmern beispielsweise aus dem Holz aus nachhaltiger Waldnutzung formschöne Massivholzmöbel, Touristen können Gold waschen, jodeln lernen oder sich im Alphornblasen versuchen.

INFO: Biosphärenzentrum, Chlosterbüel 28, 6170 Schüpfheim, Tel. 041-485 88 50, geöffnet Mo–Fr 8–12, 13.30–17 Uhr, www.biosphaere.ch

Auf den Karrenfeldern der Schrattenfluh hat die Vegetation einen schweren Stand (oben). Auf Feuchtwiesen und in Niedermooren kann mit etwas Glück das Breitblättrige Knabenkraut entdeckt werden (unten).

Der Westen

Pittoreske Weinlandschaft über den Ufern des Genfer Sees (oben). Galerien und Antiquariate säumen die Genfer Altstadtgasse Grand Rue (Mitte). Die Kathedrale Notre-Dame in Lausanne gehört zu den herausragenden Zeugnissen gotischer Baukunst (unten). Das Château de Chillon gilt als Inbegriff einer mittelalterlichen Festung (rechts).

12 La Chaux-de-Fonds – Wiege der schweizerischen Uhrenmanufaktur

Welterbe und Industriekultur im Schweizer Jura

Eine heimelige Altstadt wird man in La Chaux-de-Fonds vergeblich suchen, trotzdem steht die Kleinstadt in der französischen Westschweiz auf der UNESCO-Liste der Welterbestätten. Ihre einzigartige Anlage offenbart sich erst auf den zweiten Blick. Man schaut dort auf eine lange Tradition der Uhrmacherkunst zurück, und auch ein berühmter Architekt hinterließ Spuren.

Auf den ersten Blick sieht man La Chaux-de-Fonds nicht unbedingt an, dass die Stadt auf dem Reißbrett entstand (unten). Das Internationale Uhrenmuseum spannt den Bogen von der Taschenuhr bis zur wagenradgroßen Kirchturmuhr (rechte Seite unten).

Die Stadt im Schweizer Jura wird wegen ihres rauen Klimas vielfach das Sibirien der Schweiz genannt. In dem knapp 1000 Meter hoch gelegenen muldenförmigen breiten Hochtal gibt es durchschnittlich 150 Frosttage im Jahr. Da die Region allerdings so gut wie nebelfrei ist, sorgt zumindest tagsüber die Wintersonne für etwas Wärme.

Industriekultur vom Reißbrett
So manch ein Besucher fragt sich erstaunt, was an dieser Stadt denn nun Besonderes sein soll. La Chaux-de-Fonds ist eine Stadt vom Reißbrett. Ihr schachbrettartiges Muster lässt sich am besten vom 60 Meter hohen Espacité-Turm überblicken, in dem die Stadtverwaltung ihre Büros hat. Die Aussichtsplattform in der obersten Etage ist für jedermann zugänglich. Eine von Ahornbäumen gesäumte zentrale Verkehrsachse zieht sich der Länge nach schnurgerade durch das Hochtal, begleitet von 15 Parallelstraßen.

Rechtwinklige Querstraßen schaffen Verbindungen, Kurven gibt es so gut wie keine. Auch ohne organisch gewachsenes Zentrum wirkt das Stadtbild ungewöhnlich kompakt, und ohne Vororte beginnt direkt an den Rändern das Wiesen- und Weideland des Jura. Seit 2007 ist La Chaux-de-Fonds zusammen mit dem benachbarten Le Locle Weltkulturerbe der UNESCO. Die Begründung dafür: Das architektonische Ensemble steht beispielgebend für eine Industrieepoche, die ganz auf die Bedürfnisse der Uhrenindustrie ausgerichtet war.

Uhren für die Welt
Qualität, Präzision und innovatives Design, diese Attribute werden in einem Atemzug mit Schweizer Uhren in Verbindung gebracht. Die Uhrenindustrie ist die Schweizer Vorzeigeindustrie par excellence. Für jeden Geschmack und in jeder Preisklasse hält sie den passenden Zeitmesser bereit. La Chaux-de-Fonds

und der Kanton Jura sind seit fast 200 Jahren eines der Zentren der Uhrenherstellung. Die ersten Manufakturen siedelten sich gegen Ende des 18. Jahrhunderts an. Namen wie Girad-Perregaux, Ebel und TAG Heuer sind untrennbar mit der Stadt verbunden. TAG Heuer meldete im Jahr 1882 ein Patent für eine Stoppuhr an. Im Segment der Präzisionsuhren wurde die Firma schnell eine führende Größe, sei es bei den Olympischen Spielen oder in jüngster Zeit bei der Formel 1. Auch das Unternehmen Vulcain landete mit seiner Armbanduhr »Cricket« einen Welterfolg. Die auch als Präsidentenuhr bekannte mechanische Armbanduhr wurde von Regierungschefs, angefangen bei Truman über Eisenhower bis hin zu Nixon, getragen.

Noch mehr Architektur

Unter seinem richtigen Namen Charles-Édouard Jeanneret kennt den weltberühmten Architekten Le Corbusier kein Mensch. In seiner Heimatstadt können die ersten architektonischen Gehversuche des Baumeisters bestaunt werden. Bekannt ist heute vor allem die 1917 erbaute Villa Turque, die beeinflusst von seiner Studienreise in die Türkei durch orientalische Stilelemente auffällt. Die mit Sichtbacksteinen verkleidete Stahlbetonkonstruktion, aufgelockert durch eine Balkonbrüstung in Form eines überdimensionalen Blumentopfes, gehört heute der Uhrenfabrik Ebel, die das Haus für repräsentative Zwecke nutzt. In der Schweiz ist das Konterfei von Le Corbusier allgegenwärtig – sein Porträt ziert die aktuelle Ausgabe der Zehn-Franken-Banknoten. Noch eine weitere Berühmtheit ging aus La Chaux-de-Fonds hervor. Am Weihnachtstag 1873 wurde ein gewisser Louis Chevrolet als Sohn eines Uhrmachers geboren. Statt Uhren sollten jedoch Autos seine große Leidenschaft werden. Im Jahr 1900 emigrierte er nach Übersee, fuhr dort Autorennen und wurde schließlich ein erfolgreicher Autokonstrukteur.

WAS TICKT DENN DA?

Ganz im Geist der Uhrentradition hat sich in La Chaux-de-Fonds das Musée International d'Horlogerie auf Zeitmessung konzentriert. Das 1973 unter der Regie der Gemeinde eröffnete Museum ist weltweit eines der größten seiner Art. 4000 Exponate füllen die Vitrinen: Taschen-, Tisch- und Wanduhren ebenso wie Prunk-Penduluhren und mit Diamanten verzierte Luxusuhren. Herausragende Exponate sind etwa eine astronomische Uhr aus dem 14. Jh. und ein von Pierre Jaquet-Droz um 1770 konstruierter programmierbarer Musikautomat, oft als Vorläufer des Computers betrachtet. Vor dem Museum steht eine Glockenspiel genannte 9 m hohe Digitaluhr, Licht- und Toneffekte setzen sie in Szene. Jedes Jahr im Spätherbst treffen sich auf der vom Museum veranstalteten Uhrenbörse Händler und Sammler aus aller Welt.

WEITERE INFORMATIONEN

Musée International d'Horlogerie: Rue des Musées 29, 2300 La Chaux-de-Fonds, Tel. 032-967 68 61, Di–So 10–17 Uhr, www.mih.ch
Tourismusbüro La Chaux-de-Fonds: Espacité 1, 2302 Chaux-de-Fonds, Tel. 032-889 68 95, Mo–Fr 9–12, 13.30–17.30, Sa 9–12 Uhr, Juli & Aug. Mo–Fr 9–18.30, Sa 10–16 Uhr, www.chaux-de-fonds.ch

13 Genf – Diplomatie am See

Weltoffene Seemetropole in der Westschweiz

Genf ist weitaus mehr als eine bürokratische Funktionärs- und Beamten- metropole, die durch internationale Konferenzen auf sich aufmerksam macht. Die Stadt am gleichnamigen See fungiert zugleich als ein dynami- sches Finanz- und Wirtschaftszentrum, das mit dem Genfer Autosalon auch Veranstalter einer der weltweit wichtigsten Leitmessen der Auto- mobilbranche ist. Und ein schmuckes Altstadtquartier gibt es auch.

Das Herz der Genfer Altstadt schlägt an der Place du Bourg-de-Four (oben). Die Kathedrale Saint-Pierre wurde auf den Rui- nen eines römischen Tempels erbaut. In der Reformation formulierte dort Jean Calvin seine Thesen zum neuen protestan- tischen Weltbild (unten).

Die Lage am westlichen Ufer des Gen- fer Sees hat etwas Bestechendes. Das wussten wohl schon die ersten Sied- ler zu schätzen: Genau am Austritt der Rhône aus dem See errichteten bereits vor mehr als zwei Jahrtausenden kelti- sche Stämme eine Pfahlbautensiedlung. Diese musste schließlich den Römern weichen, die hier im Jahr 121 v. Chr. einen militärisch gesicherten Handels- posten anlegten, aus dem sich später die heutige Stadt entwickeln sollte. Wichtige wirtschaftliche Impulse erhielt Genf durch französische Hugenotten, die, nach der Reformation aus dem ka- tholischen Frankreich vertrieben, im re- formierten und schon damals sehr welt- offenen Genf eine neue Heimat fanden.

Rund um den Altstadthügel

Mit 192 000 Einwohnern ist Genf heute die zweitgrößte Stadt der Schweiz. Der Sitz der vielen internationalen Organi- sationen macht sie mit einem Ausländer- anteil von rund 46 Prozent ausgespro- chen kosmopolitisch.

Die Rhône teilt die Stadt in die Rive Gau- che am südlichen Ufer und die Rive Droite nördlich vom Fluss. Besucher zieht es vor allem in das Altstadtquartier in der südlichen Stadthälfte. In beherrschender Hügellage thront dort auf den Relikten eines römischen Tempels die Kathedrale St. Pierre. Unter dem von der Romanik bis zum Neoklassizismus geprägten und mehrmals erneuerten Kirchenbau wur- den Mosaikböden aus einem ehemaligen frühchristlichen Bischofspalast aus dem 5. Jahrhundert entdeckt. Eine enge Wen- deltreppe mit 175 Stufen führt auf den Nordturm hinauf, doch die Mühe lohnt. Mittelpunkt der Altstadt ist die Place du Bourg-de-Four, an der sich auch das Rat- haus befindet. Außergewöhnlich ist die gepflasterte Rampe, auf der im 16. Jahr- hundert die Honoratioren der Stadt hoch zu Ross in die oberen Stockwerke trab- ten. Im Südflügel wurde im Alabama- Saal 1864 die erste Genfer Konvention unterzeichnet. Wie Genf zu jener Zeit aussah, zeigt ein riesiges Relief in der Maison Tavel. Im 14. Jahrhundert erbaut,

ist das Gebäude mit seiner ganz in Schwarz gehaltenen gotischen Fassade das älteste Stadthaus von Genf. Überraschend still geht es auf der Île Rousseau zu, einem durch Brücken verbundenen Rhône-Inselchen. Sie trägt ihren Namen nach dem 1712 in Genf geborenen Aufklärer Jean-Jacques Rousseau, ein Denkmal auf der ehemaligen Festungsinsel hält die Erinnerung an ihn wach. Wer mehr über den großen Philosophen wissen will, wird in seinem zu einem Museum hergerichteten Geburtshaus in der Grand Rue 40 fündig.

Tod am Genfer See

Vom Quai du Mont-Blanc genießt man ein fulminantes Panorama über den See auf die höchsten Gipfel der Alpen und natürlich auf den Jet d'Eau, das Wahrzeichen von Genf, dessen 140 Meter hohe Wasserfontäne wie ein isländischer Geysir in den Himmel schießt und selbst vom Flugzeug in 10 000 Metern Höhe ausgemacht werden kann. In bester Lage steht am Quai seit 1865 das Nobelhotel »Beau

Rivage«. Trotz einiger mehr als unerfreulicher Vorkommnisse gehört es bis heute zur Crème de la Crème der Schweizer Hotellerie. Am 9. September 1898 logierte in der Suite 119/120 die Kaiserin von Österreich-Ungarn, von aller Welt Sissi genannt. Es sollte die letzte Nacht ihres Lebens werden. Tags darauf wurde sie auf dem Weg vom Hotel zum Schiffsanleger auf offener Straße von dem italienischen Anarchisten Luigi Lucheni mit einer Nagelfeile erstochen. Der »Monarchistenhasser« hatte über das Touristenbüro von dem bevorstehenden Besuch der Kaiserin erfahren und ihr vor dem Hotel aufgelauert. Sissi wurde schwer verletzt ins Hotel zurückgebracht, wo sie wenige Stunden darauf verstarb. Der Täter erhängte sich fünf Wochen später in einer Genfer Gefängniszelle. Am 11. Oktober 1987 wurde das »Beau Rivage« abermals mit dem Ableben eines prominenten Gastes konfrontiert. Unter bislang ungeklärten Umständen wurde der wenige Tage zuvor vom Amt des Ministerpräsidenten von Schleswig-Holstein zu-

Broken Chair – ein Mahnmal für die Opfer von Landminen (oben). Reformationsdenkmal im Parc des Bastions (unten). Ausblick von der Kathedrale über die Altstadt auf den Jet d'Eau (unten links). Den Quai du Mont-Blanc säumen mondäne Luxushotels (Seite 58 unten).

PALAST DER NATIONEN

Der monumentale Art-déco-Bau wurde in den 1930er-Jahren ursprünglich für den Völkerbund gebaut, seit 1945 ist es der europäische Hauptsitz für dessen Nachfolgeorganisation, die UNO. Mit 25 000 m² bietet in einem europäischen Gebäude nur das Versailler Schloss mehr Platz. Das Konferenzzentrum liegt im Ariana-Park mitten im Internationalen Viertel von Genf. Die einstündigen Führungen durch die Räumlichkeiten ziehen jedes Jahr rund 100 000 Besucher an. Zu den Attraktionen gehört der 2008 neu eingeweihte Saal der Menschenrechte, dessen Kuppeldecke ein Stalaktitengemälde des Mallorquiners Miquel Barcelo ausfüllt. Die Genfer UNO-Zentrale hat übrigens eine eigene Posthoheit und gibt Briefmarken heraus, die von internationalen Künstlern entworfen werden und wegen ihres innovativen Designs bei Sammlern ausgesprochen beliebt sind.

WEITERE INFORMATIONEN

Genève Tourisme: 18, Rue du Mont-Blanc, 1201 Genève, Tel. 022-909 70 20, Mo 10–18, Di–Sa 9–18, So 10–16 Uhr, www.geneve-tourisme.ch
Palais des Nations: 14, Avenue de la Paix, 1211 Genève 10, Tel. 022-917 48 96, www.unog.ch

rückgetretene Uwe Barschel tot in der Badewanne aufgefunden.

Internationales Viertel

Im Umfeld des von Bankpalästen gerahmten Platzes der Nationen haben sich außer der UNO etwa 200 internationale Organisationen niedergelassen. Mitten auf dem Platz erinnert das Mahnmal »Broken Chair«, ein zwölf Meter hoher Stuhl mit einem abgebrochenen Bein, an die Opfer von Landminen und Streubomben.

Das Diplomatenviertel im Norden Genfs ist mit seinen Museen und einem Botanischen Garten auch touristisch interessant. Gegenüber vom UNO-Palast gibt das Internationale Museum des Roten Kreuzes einen Einblick in seine humanitäre Arbeit. Im Jahr 2012 architektonisch komplett neu gestaltet, wird hier eine sensible Ausstellung präsentiert, die bei den Besuchern größtenteils einen sichtlich nachdenklichen Eindruck hinterlässt. Im benachbarten Musée Ariana, dem Schweizer Keramik- und Glasmuseum, werden Delfter Fayencen, italienische Majolika-Arbeiten und kostbares Porzellan aus China gezeigt.

Nur wenige Gehminuten vom Platz der Nationen entfernt kann man sich im Botanischen Garten vom Besichtigungsprogramm erholen. Mit seinem alten Baumbestand und den großzügigen Blumenrabatten reicht er fast bis ans Seeufer heran. Schon im Januar blühen hier die Krokusse; Tulpen und Narzissen folgen wenig später. Natürlich ist hier auch die Schweizer Alpenflora vertreten. Kontraste dazu schafft die tropische Vegetation in den Gewächshäusern. Im zugehörigen Tierpark leben neben Damhirschen, Flamingos und Papageien auch seltene Haustierrassen.

14 Lavaux – Sonnenterrasse über dem Genfer See

Ein Stück Mittelmeer in der Westschweiz

Das Lavaux zwischen Lausanne und Vevey gehört mit seinen terrassierten Weinbergen über dem Seeufer zu den gefälligsten Kulturlandschaften der Schweiz. Seit 2007 darf sich das kleine, aber feine Weingebiet mit dem UNESCO-Welterbetitel schmücken.

Den Grundstein für die seit Generationen sorgsam gepflegte Reblandschaft über dem Nordufer des Genfer Sees legten fleißige Benediktinermönche. Sie begannen im Mittelalter die steil zum Seeufer abfallenden Hänge zu terrassieren und mit Natursteinmauern zu befestigen. Die von einem milden Klima begünstigten Hanglagen sind heute vornehmlich mit der Chasselas-Traube bestockt. Diese bringt fruchtig-blumige Tropfen hervor, die in der Westschweiz als Aperitifweine genauso geschätzt sind wie als Begleiter zu Fondue, Raclette und zu Edelfischen aus dem nur einen Steinwurf entfernten See. Die vielleicht schönste Ansicht auf die steilen Hänge bietet sich vom Wasser aus. Im Sommerhalbjahr verkehren von Lausanne Ausflugschiffe nach Montreux.

Direkt am Seeufer verläuft eine Straße von Vevey ins bildhübsche Örtchen Lutry, das mit einem gut konservierten Altstadtkern und einer reizenden Seepromenade aufwartet. Fast noch schöner fährt es sich quasi eine Etage höher auf der Corniche de Lavaux mitten durch die Weinberge. Oder man nimmt vom Schiffsanleger in Lutry ein Ausflugsbähnchen – eine Stunde, die keinesfalls verloren ist. Ebenfalls sehr geruhsam gestaltet sich der Weinwanderweg von Lutry nach Saint-Saphorin. Auf markierten, schmalen Teerwegen geht es am Weingut Château de Montagny und an einigen Picknickplätzen vorbei; dabei öffnet sich das große Panorama auf das Südufer des Genfer Sees und die dahinter sich aufbauenden Drei- und Viertausender der Savoyer und Walliser Alpen. Mit den steilsten Lagen im Lavaux kann Dézaley aufwarten. Alle anfallenden Arbeiten im dortigen Weinberg müssen von Hand erledigt werden. Dementsprechend hoch gestaltet sich das Preisniveau der mit dem Prädikat »Grand Cru« ausgezeichneten Spitzenweine.

INFO: Montreux Vevey Tourisme, Rue du Théâtre 5, 1820 Montreux 2, Tel. 848 86 84 84, Hauptsaison: Mo–Fr 9–18, Sa & So 9.30–17 Uhr, Nebensaison: Mo–Fr 9–12 und 13–17.30, Sa & So 10–14 Uhr, www.lavaux.ch, www.montreux-vevey.com

Eine Bahnfahrt verspricht eine reizvolle Annäherung an die Weinbauregion Lavaux (oben). Die aus der Chasselas-Traube gekelterten Weine sind ein geschätzter Begleiter zu Fondue und Raclette (unten).

Sonnenverwöhnte Weinlage über dem Genfer See – der Winzerort Rivaz gehört zum UNESCO-Weltkulturerbe Lavaux.

15 Lausanne – Welthauptstadt des Sports

Französische Lebensart am Lac Léman

Die Hauptstadt des Kantons Waadt ist neben Genf das führende Geschäfts- und Kongresszentrum am Genfer See, zwei Universitäten und eine Hotelfachschule machen sie außerdem zu einem bedeutenden Bildungsstandort. Auch Institutionen wie der Bundesgerichtshof und das Internationale Olympische Komitee haben ihren Sitz in der Seemetropole. Gäste sind vor allem von der Kathedrale und der »Art Brut« beeindruckt.

Lausannes Bel-Air-Turm war 1931 mit seinen 68 m Höhe der erste Wolkenkratzer auf Schweizer Boden (oben). Abendstimmung über dem Genfer See (unten). Architektonisches Zeugnis aus der Belle Époque an der Seepromenade (rechte Seite unten).

Wie auch Genf ist Lausanne eine römische Gründung. Vor zwei Jahrtausenden wohnten in dem Hafenstädtchen namens Lousonna etwa 1500 bis 2000 Menschen. In einem kleinen Museum kann man begutachten, was davon übrig blieb. Lausanne hat sein eigenes Mikroklima. Das Häusermeer der mit 136 000 Einwohnern fünftgrößten Stadt des Landes zieht sich vom Seeufer aus über etwa 500 Höhenmeter die Hänge hinauf. Während die Promenade am See im Winter meist schneefrei ist, kann es in den höheren Lagen durchaus kräftig schneien.

Das Zentrum der Altstadt befindet sich ein gutes Stück oberhalb vom Seeufer. Wenn man vom Hafen in Ouchy auf den Treppenwegen aufsteigt, kommt man schnell aus der Puste; alternativ gelangt man jedoch auch ganz bequem mit der Metro hinauf.

Ein Stück Frankreich

In einem Bistro an der Place de la Palud fühlt man sich fast wie in Frankreich.

Auch der Name Notre-Dame wird meist mit Paris assoziiert, doch Lausanne kann ebenfalls mit einer Kathedrale Unserer Lieben Frau aufwarten. 1275 von Papst Gregor X. in Anwesenheit von König Rudolf von Habsburg geweiht, ist sie mit ihren fünf Türmen einer der prächtigsten Sakralbauten der Schweiz. Kunsthistorisch versierte Besucher fühlen sich an die Bautradition der französischen Frühgotik erinnert. Zu den herausragenden handwerklichen Zeugnissen gehört der reiche Figurenschmuck am Westportal. Als ein Meisterwerk der Glasmalerei gilt die um 1235 vollendete Fensterrosette am Südflügel, in deren Bildprogramm unter anderem die Jahreszeiten und Sternzeichen zueinander in Beziehung gestellt werden.

Hinsichtlich der Innenausstattung des dreischiffigen Langhauses lohnt vor allem ein Blick auf das geschnitzte spätgotische Chorgestühl in der Kapelle Saint-Maurice. Nur wenige Schritte von der Kathedrale entfernt, gleicht das von vier Rundtürmchen eingefasste Schloss Saint-Maire

62

aus dem 15. Jahrhundert eher einer Festung als einem Repräsentationsbau. Es diente zunächst als Bischofssitz. Während der fast 250-jährigen Berner Herrschaft residierten dort bis 1798 die Berner Landvögte.

Zwei außergewöhnliche Museen

Lausanne ist offiziell Olympiahauptstadt – und zwar nicht nur, weil vom IOC alle Entscheidungen über das weltweit wichtigste Sportevent in Lausanne gefällt werden, sondern weil es hier auch ein viel besuchtes Olympisches Museum gibt. Es entstand im Jahr 1993 auf Initiative des damaligen IOC-Präsidenten Juan Antonio Samaranch und liegt im Stadtteil Ouchy unmittelbar am Seeufer. Für an Sport interessierte Besucher ist die 2012 erneuerte Ausstellung eine wahre Fundgrube. Neben der Geschichte mit all ihren sportlichen Höhepunkten und politischen Konflikten kommt in ihm auch die Hoffnung auf eine friedfertige

Welt zum Ausdruck. Im Museumspark flackert das Olympische Feuer. Die Ehre, es bei der Eröffnungsfeier des Museums zu entzünden, wurde der deutschen Eiskunstläuferin Katarina Witt zuteil. Entspannend und aussichtsreich ist die Kaffeeterrasse auf dem Museumsdach. Das außergewöhnlichste Museum von Lausanne dürfte die Collection de l'Art Brut sein. Die Sammlung besteht ausschließlich aus Arbeiten von gesellschaftlichen Außenseitern – psychisch behinderten Menschen, Heiminsassen und Sträflingen – die jenseits des etablierten Kunstbetriebs ihre spezifische Welt in Bildern und Objekten festhalten. Den Grundstock der umfangreichen Sammlung stiftete der französische Maler Jean Dubuffet, er war einer der Ersten, der den künstlerischen Ausdruck dieser Menschen zu würdigen wusste. Alle Wände des Museums sind in Schwarz gehalten, was den Charakter der Exponate noch mehr betont.

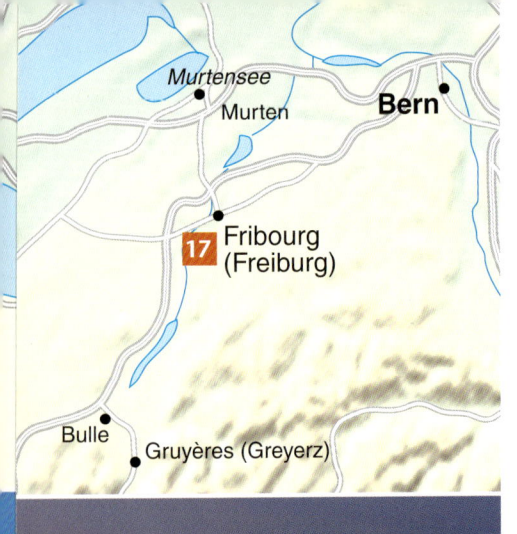

17 Fribourg – mittelalterliches Flair am Röstigraben

Zwischen Gotik, Schrottkunst und üppigen Nanas

Nicht nur die Lage in einer Flussbiege der Sarine ist pittoresk, auch das mittelalterliche Stadtbild des Hauptortes im Freiburgerland lohnt eine eingehende Besichtigung. Einen Kontrapunkt zur sakralen Kirchenkunst der Gotik setzen die avantgardistischen Arbeiten von Jean Tinguely und Niki de Saint-Phalle.

Sichtlich vom nahen Frankreich beeinflusst ist der gotische Turm der Kathedrale Saint-Nicolas (oben). Jakobspilger an dem von einem prächtigen Tympanon geschmückten Hauptportal der Kathedrale (unten).

Die kleine Universitätsstadt liegt mitten auf der deutsch-französischen Sprachgrenze – drei Viertel der Einwohner haben Französisch als Muttersprache, der Rest spricht Deutsch. Umgangssprachlich wird die Sprach- und Kulturgrenze als »Röstigraben« bezeichnet: Während auf der schweizerdeutschen Seite die Kartoffel in Form von Rösti auf den Tisch kommt, bevorzugt die frankofone Seite Pommes frites. Doch jenseits der grauen Theorie sieht man das nicht so eng.

Wie auch die Landeshauptstadt Bern wurde Fribourg in der Mitte des 12. Jahrhunderts von dem rührigen Adelsgeschlecht der Zähringer gegründet, die jenseits der Schweizer Grenze auch das namensgleiche Freiburg im Breisgau aufbauten. Das geschlossene Ortsbild vermittelt ein anschauliches Bild von einer mittelalterlichen Stadtanlage. Unverkennbar im Stil der Gotik präsentiert sich die Cathédrale Saint-Nicolas, deren 74 Meter hoher Westturm einen er-

habenen Ausblick über Stadt, Land und Fluss des Freiburgerlands erlaubt. Wegen dessen sakraler Kunst lohnt der Besuch der Franziskanerkirche, in der neben dem gedrechselten Chorgestühl auch ein vergoldetes Triptychon und ein Altarbild eines anonymen Nelkenmeisters bewundert werden darf.

Für zeitgenössische Kunst der außergewöhnlichen Art ist der Espace Jean Tinguely–Niki de Saint-Phalle zuständig. In dem ehemaligen Tramdepot befindet sich ein sehenswerter Querschnitt durch das Schaffen des Künstlerehepaares. Der in Fribourg geborene Tinguely wurde mit seinen beweglichen Installationen weit über die Schweizer Grenzen hinaus bekannt. Mindestens genauso berühmt und einzigartig sind die von Niki de Saint-Phalle in grellen Farben bemalten Nana-Figuren aus Polyester.

INFO: Fribourg Région Marketing, Route de la Glâne 107, 1701 Fribourg, Tel. 026-407 70 20, www.fribourg tourism.ch

aus dem 15. Jahrhundert eher einer Festung als einem Repräsentationsbau. Es diente zunächst als Bischofssitz. Während der fast 250-jährigen Berner Herrschaft residierten dort bis 1798 die Berner Landvögte.

Zwei außergewöhnliche Museen

Lausanne ist offiziell Olympiahauptstadt – und zwar nicht nur, weil vom IOC alle Entscheidungen über das weltweit wichtigste Sportevent in Lausanne gefällt werden, sondern weil es hier auch ein viel besuchtes Olympisches Museum gibt. Es entstand im Jahr 1993 auf Initiative des damaligen IOC-Präsidenten Juan Antonio Samaranch und liegt im Stadtteil Ouchy unmittelbar am Seeufer. Für an Sport interessierte Besucher ist die 2012 erneuerte Ausstellung eine wahre Fundgrube. Neben der Geschichte mit all ihren sportlichen Höhepunkten und politischen Konflikten kommt in ihm auch die Hoffnung auf eine friedfertige Welt zum Ausdruck. Im Museumspark flackert das Olympische Feuer. Die Ehre, es bei der Eröffnungsfeier des Museums zu entzünden, wurde der deutschen Eiskunstläuferin Katarina Witt zuteil. Entspannend und aussichtsreich ist die Kaffeeterrasse auf dem Museumsdach. Das außergewöhnlichste Museum von Lausanne dürfte die Collection de l'Art Brut sein. Die Sammlung besteht ausschließlich aus Arbeiten von gesellschaftlichen Außenseitern – psychisch behinderten Menschen, Heiminsassen und Sträflingen – die jenseits des etablierten Kunstbetriebs ihre spezifische Welt in Bildern und Objekten festhalten. Den Grundstock der umfangreichen Sammlung stiftete der französische Maler Jean Dubuffet, er war einer der Ersten, der den künstlerischen Ausdruck dieser Menschen zu würdigen wusste. Alle Wände des Museums sind in Schwarz gehalten, was den Charakter der Exponate noch mehr betont.

OUCHY: NOBEL UND TEUER

Lausannes Tourismus konzentriert sich in Ouchy, dem ehemaligen Fischerdorf zu Füßen der Altstadt. Mit Einfall der ersten Sommergäste im vorletzten Jahrhundert eröffneten direkt am Wasser etliche Hotels für das damals vornehmlich gut betuchte Publikum. Bis heute eine der nobelsten Adressen ist das »Beau-Rivage Palace«. Ein besseres Haus als dieses Mitglied im erlesenen Club der Leading Hotels of the World wird man in der Schweiz kaum finden. In den pompösen Salons feierte man schon vor 150 Jahren rauschende Bälle. Geschmackvoll fügt sich der sich zu Garten und See hin öffnende angebaute Frühstückssaal in das historische Ensemble ein. Ein exquisites Gourmetlokal mit zwei Michelin-Sternen fehlt ebenso wenig wie ein elegantes Wellnesszentrum. Der Luxus hat natürlich seinen Preis: Die Juniorsuite mit Jacuzzi, See- und Alpenblick kostet pro Nacht in etwa so viel wie eine 14-tägige Pauschalreise auf die Kanarischen Inseln.

WEITERE INFORMATIONEN

Beau-Rivage Palace: Place du Port 17–19, Tel. 021-613 33 33, www.brp.ch
Lausanne Tourisme: Place de la Gare 9 (im Bahnhof), 1003 Lausanne, Tel. 021-613 73 73, tgl. 9–19 Uhr, www.lausanne-tourisme.ch

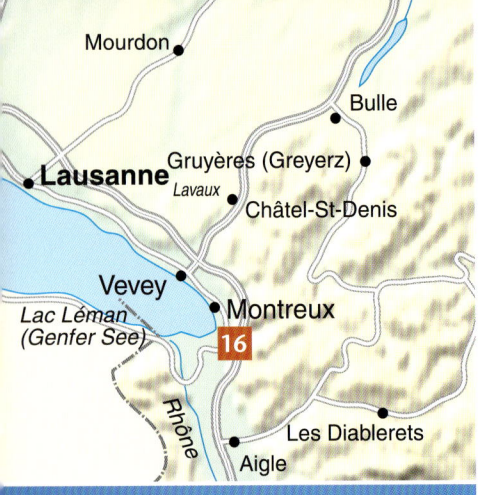

16 Montreux – von jazzig bis mondän

Schweizer Riviera mit mediterranem Flair

Palmen und südländische Zierflora machen der Schweizer Riviera am Nordufer des Genfer Sees alle Ehre. Touristisches Zentrum ist Montreux, das durch eine Bucht geschützt mit einem ausgesprochen milden Klima aufwartet. Das nahe gelegene Bilderbuchschloss von Chillon fungiert als Publikumsmagnet ersten Ranges. Auf dem Kopf steht die Stadt jedes Jahr im Juli während des weltbekannten Montreux Jazz Festivals.

Das Schloss Chillon wurde zeitweise als Gefängnis genutzt, heute bestaunen jährlich Hunderttausende von Besuchern aus aller Welt die alten Gemäuer (oben). Grandhotels im Stil der Belle Époque geben Montreux einen mondänen Touch (unten). Montreux versteht sich nicht zu Unrecht als die Perle der Waadtländer Riviera (rechte Seite unten).

Mit ihren Fin-de-Siècle-Hotels ist die Seefront das Aushängeschild von Montreux, wenn auch in den letzten Jahrzehnten einige weniger ansehnliche Neubauten hinzugekommen sind. Geblieben ist die zauberhafte Aussicht auf die immer schneebedeckten Dreitausender Dents du Midi in den Walliser Alpen. Betont gediegen gibt sich der Villenvorort Clarens, und überraschend ruhig geht es auch in der kleinen Altstadt zu.

Illustre Kurz- und Dauergäste

Angezogen von der beschaulichen Lage kamen bereits um 1815 die ersten Touristen nach Montreux. Lord Byron ließ sich genauso von der Landschaft bezaubern wie die in seinem Gefolge angereiste Frankenstein-Autorin Mary Shelly. Igor Strawinsky komponierte in der Stadt sein *Sacre du Printemps*, Edgar Wallace schrieb an seinen Krimis, Vladimir Nabokov hatte *Lolita* im Kopf und verbrachte seine letzten Jahre in einer Suite des mondänen Palace Hotel. Charly Chaplin wählte das benachbarte Vevey als Wohn-

sitz. 2013 wird in seinem ehemaligen Anwesen die Chaplins World eröffnen. Das Familiengrab des Stummfilmstars befindet sich oberhalb von Vevey auf dem Friedhof von Corsier. Montreux steht nicht nur für Ruhm und Glamour. Vom Nestlé-Konzern fließen auch reichlich Steuergelder in die Gemeindekasse. Gründer Henri Nestlé erfand am Genfer See die Kondensmilch und die erste künstliche Babynahrung. Der Stadt Montreux spendierte der durch seine aggressiven Vermarktungsstrategien nicht überall beliebte Multi an der Place du Marché eine Markthalle.

Popgeschichten

An der dem See zugewandten Seite der Place du Marché erinnert ein Standbild an Freddie Mercury (*We Are the Champions*). Der 1991 an Aids gestorbene Leadsänger von »Queen« steht in typischer Bühnenpose mit hoch gestreckter Faust am Seeufer. Die überlebensgroße Bronzestatue ist Pilgerziel und beliebtes Fotomotiv in einem, oft liegen frische Blumen

zu Füßen des Idols. »Queen« betrieb in den 1980er-Jahren im Casino von Montreux die Mountain Studios. Dort wurden viele ihrer Alben eingespielt. Auch David Bowie, »AC/DC«, die »Stones« und andere Popgrößen ließen dort produzieren. Das Casino selbst hat ebenfalls seine Geschichte. Am 4. Dezember 1971 gastierte dort Frank Zappa mit den »Mothers of Invention«. Während des Konzerts schoss ein Zuhörer im Saal eine Leuchtpatrone ab, woraufhin das Gebäude abbrannte. Angeregt durch die über dem See stehende Rauchwolke schrieb Ian Gillan von »Deep Purple« – die Band war gerade für Studioaufnahmen vor Ort – einen der größten Rocksongs aller Zeiten: *Smoke on the Water*.

Château de Chillon

Das Wasserschloss wenige Kilometer südwestlich von Montreux verkörpert ein Stück Mittelalter. Ein meterdicker Mauerring und bewehrte Wachtürme geben

dem bis ins 11. Jahrhundert zurückgehende Schloss ein betont trutziges Aussehen. 1536 gelang den Bernern die Eroberung. Im Zuge der Reformation brachten sie die ganze Nordseite des Genfer Sees unter ihre Kontrolle. Ursprünglich für die Grafen von Savoyen gebaut, heute in Kantonsbesitz, ist die bestens erhaltene Festung der größte Besuchermagnet am See.

Ein Rundgang führt durch drei Innenhöfe in die Prunkräume, auf den aussichtsreichen Bergfried und hinab in die düsteren Folter- und Gefängniskammern, in denen sechs Jahre lang der Genfer Prior François Bonivard einsaß, weil er es gewagt hatte, sich offen zur Reformation zu bekennen. Ins Staunen kommt man angesichts der prächtigen spätgotischen Kassettendecke im Wappensaal und den im Schachbrettdekor gemusterten Wänden im Großen Burggrafsaal. Für Fotografen gibt das Schloss vor der Kulisse der Alpen ein perfektes Motiv ab.

SCHRÄGE TÖNE – MONTREUX JAZZ FESTIVAL

Die Liste der aufgetretenen Stars in der beinahe 50-jährigen Historie des Festivals liest sich wie das Who's Who der Jazz- und Popgeschichte. Den Auftakt machte 1967 der amerikanische Jazzpianist Keith Jarrett, gefolgt von Nina Simone, Ella Fitzgerald und Miles Davis. Schon früh öffnete sich Montreux weiteren Stilrichtungen: Carlos Santana brachte den Latino-Sound in die Stadt, Aretha Franklin begeisterte mit ihrem kehligen Soul, und Blues-Legenden von Bo Diddley bis John Lee Hooker waren ebenso da wie die Folksänger Leonard Cohen und Bob Dylan. Als Headliner 2012 trat die britische Kultband Radiohead auf. Anfangs auf drei Tage begrenzt, wird heute 16 Tage lang gefeiert. Außer in den beiden Sälen im Music & Convention Centre finden auf mehreren Bühnen entlang der Seepromenade Gratiskonzerte statt.

WEITERE INFORMATIONEN

Montreux Jazz Festival: Ticket-Hotline 0041-900 800 800, Vorverkauf jeweils ab Ende April, www.montreuxjazzfestival.com
Montreux-Riviera Tourisme: Rue du Théâtre 5, 1820 Montreux 2, Tel. 084-886 84 84, Hauptsaison: Mo–Fr 9–18, Sa–So 9.30–17 Uhr, Nebensaison: Mo–Fr 9–12, 13–17.30, Sa–So 10–14 Uhr, www.montreux.com

17 Fribourg – mittelalterliches Flair am Röstigraben

Zwischen Gotik, Schrottkunst und üppigen Nanas

Nicht nur die Lage in einer Flussbiege der Sarine ist pittoresk, auch das mittelalterliche Stadtbild des Hauptortes im Freiburgerland lohnt eine eingehende Besichtigung. Einen Kontrapunkt zur sakralen Kirchenkunst der Gotik setzen die avantgardistischen Arbeiten von Jean Tinguely und Niki de Saint-Phalle.

Sichtlich vom nahen Frankreich beeinflusst ist der gotische Turm der Kathedrale Saint-Nicolas (oben). Jakobspilger an dem von einem prächtigen Tympanon geschmückten Hauptportal der Kathedrale (unten).

Die kleine Universitätsstadt liegt mitten auf der deutsch-französischen Sprachgrenze – drei Viertel der Einwohner haben Französisch als Muttersprache, der Rest spricht Deutsch. Umgangssprachlich wird die Sprach- und Kulturgrenze als »Röstigraben« bezeichnet: Während auf der schweizerdeutschen Seite die Kartoffel in Form von Rösti auf den Tisch kommt, bevorzugt die frankofone Seite Pommes frites. Doch jenseits der grauen Theorie sieht man das nicht so eng.

Wie auch die Landeshauptstadt Bern wurde Fribourg in der Mitte des 12. Jahrhunderts von dem rührigen Adelsgeschlecht der Zähringer gegründet, die jenseits der Schweizer Grenze auch das namensgleiche Freiburg im Breisgau aufbauten. Das geschlossene Ortsbild vermittelt ein anschauliches Bild von einer mittelalterlichen Stadtanlage. Unverkennbar im Stil der Gotik präsentiert sich die Cathédrale Saint-Nicolas, deren 74 Meter hoher Westturm einen erhabenen Ausblick über Stadt, Land und Fluss des Freiburgerlands erlaubt. Wegen dessen sakraler Kunst lohnt der Besuch der Franziskanerkirche, in der neben dem gedrechselten Chorgestühl auch ein vergoldetes Triptychon und ein Altarbild eines anonymen Nelkenmeisters bewundert werden darf.

Für zeitgenössische Kunst der außergewöhnlichen Art ist der Espace Jean Tinguely–Niki de Saint-Phalle zuständig. In dem ehemaligen Tramdepot befindet sich ein sehenswerter Querschnitt durch das Schaffen des Künstlerehepaares. Der in Fribourg geborene Tinguely wurde mit seinen beweglichen Installationen weit über die Schweizer Grenzen hinaus bekannt. Mindestens genauso berühmt und einzigartig sind die von Niki de Saint-Phalle in grellen Farben bemalten Nana-Figuren aus Polyester.

INFO: Fribourg Région Marketing, Route de la Glâne 107, 1701 Fribourg, Tel. 026-407 70 20, www.fribourg tourism.ch

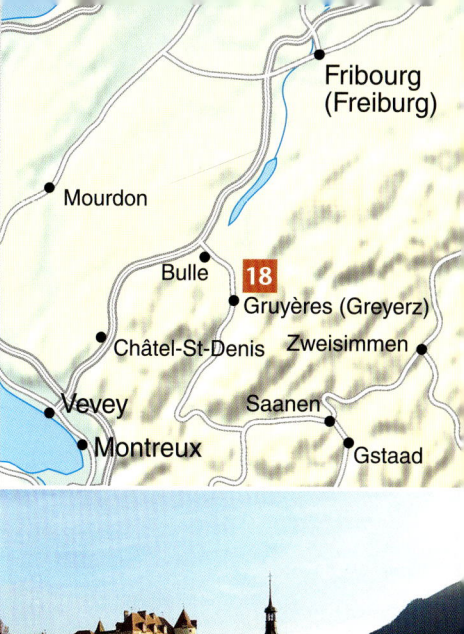

18 Gruyères – Käse und Schokolade

Gegensätze ziehen sich an – zwei Schweizer Premiummarken

Der würzige Hartkäse aus dem Greyerzerland gehört zu den berühmtesten Käsemarken der Schweiz. Als Mittelpunkt der lieblichen Region fungiert das mittelalterliche Städtchen Gruyères. Im zehn Autominuten entfernen Broc steht eine Schokoladenfabrik zur Besichtigung offen.

Die auf einem Hügelrücken platzierte und von einem wehrhaften Mauerring umschlossene kleine Käsehauptstadt ist für den Durchgangsverkehr gesperrt. Etwas unterhalb des Ortes befinden sich große Parkplätze, von denen man in wenigen Minuten die Dorfstraße erreicht. Von der darüber thronenden Burg beherrschten die Herren von Gruyères ab dem 11. Jahrhundert fast 500 Jahre die kleine Grafschaft. Viel bestaunt in dem heute als Museum zugänglich gemachten Gemäuer ist eine abgehackte Hand. Um das kuriose Exponat ranken sich etliche Geschichten. Neuere anthropologische Untersuchungen ergaben, dass es sich um die rechte Hand einer ägyptischen Mumie handelt. Wie diese im Mittelalter den Weg in die Burg fand, verliert sich allerdings im Dunkeln. Am Fuß des Burghügels kann in der Schaukäserei Maison du Gruyère verfolgt werden, wie die handwarme Milch durch die Beigabe von Lab gerinnt, mit der Käseharfe zerschnitten und schließlich in Form gepresst wird. Gekäst wird jeden Vormittag drei bis vier Mal. Man hat also gute Chancen, den ganzen Werdegang vom Greyerzer mitzubekommen, ausgenommen natürlich die anschließende Reifung, die dauert mindestens fünf Monate. Im ein paar Kilometer entfernten Broc hat das geschmackliche Gegenstück zum Käse eine lange Tradition, mit Cailler ist dort die älteste Schokoladenfabrik der Welt zu Hause. Der Pionier für süße Sachen war der Erste, der eine Tafel Schokolade auf den Markt brachte. Während einer Betriebsführung kann man den Geheimnissen der Chocolatiers auf die Spur kommen. Wer tiefer in die süße Materie eindringen will: Das Schoggi-Atelier von Cailler bietet nach vorheriger Anmeldung Kurse an, wie im Handumdrehen gefüllte Pralinen und Trüffel gemacht werden können.

INFO: La Gruyère Tourisme, Rue du Bourg 1, 1663 Gruyères, Tel. 084-84 24 424, Mo–Fr 13–16.30, Sa & So 10.30–12, 13–16.30, Sa & So (Juli–Aug.) 9.30–17.30 Uhr, www.gruyeres.ch
La Maison du Gruyère, 1663 Pringy-Gruyères, Tel. 026-921 84 00, tgl. Juni–Sept. 9–19 Uhr, Okt.–Mai 9–18 Uhr, www.lamaisondugruyere.ch
Maison Cailler – La Chocolaterie Suisse, tgl. April–Okt. 10–18 Uhr, Nov.–März 10–17 Uhr, www.cailler.ch

Gruyères hat weitaus mehr als Käse zu bieten, unter anderem eine sehenswerte Burg (oben). Traditionelle Käsereien lassen ihren Gruyère bis zu 15 Monate reifen (unten).

Exponiert liegen die Beatus-Höhlen über dem Nordufer des Thuner Sees (oben). Spiez ist im Berner Oberland nur ein Schloss unter vielen (Mitte). Kühn lehnt sich die 3657 m hoch gelegene Mönchsjochhütte an den Fels (unten). Hinter der Bundeshauptstadt baut sich eine der spektakulärsten Gipfelketten der Alpen auf (rechts).

Bern und sein Oberland

19 Bern – Bundeshauptstadt und Weltkulturerbe in einem

Heimelige Altstadt

Was für eine Lage! Genau dort, wo sich die Aare in einer engen Schleife ihren Weg durch das Mittelland sucht, wurde vor gut 800 Jahren der Grundstein für die Zähringerstadt gelegt. Bern ist weder das kulturelle noch das wirtschaftliche Zentrum der Schweiz. Den Bernern ist das aber nicht völlig egal. Dafür wurde ihre Stadt von der UNESCO zum Welterbe der Menschheit geadelt.

Blick über die Dächer der 800 Jahre alten Zähringerstadt (oben). Mindestens zweimal im Jahr gehört die Hauptstraße im Emmentaler Dorf Sumiswald den Kühen (unten). Flaniermeile der Welterbe-Stadt ist die Kramgasse mit dem mittelalterlichen Zeitglockenturm (rechte Seite).

Mit ihren gut 130 000 Einwohnern ist Bern heute die viertgrößte Schweizer Stadt, sie ist Universitätsstandort, Hauptzentrale der Schweizerischen Bundesbahnen und Sitz des 1874 in der Stadt gegründeten Weltpostvereins. In Sachen Kunst und Kultur hat die Stadt mit dem Zentrum Paul Klee, dem Kunstmuseum und dem Schweizer Alpinmuseum gleich drei hochkarätige Sammlungen zu bieten. In Bern werden auch zwei weltberühmte Schweizer Marken hergestellt: die in ihrer Dreieckspackung unverwechselbare Toblerone und das heimliche Nationalgetränk der Schweiz – die Ovomaltine.

Eine Stadt mit Geschichte

Einer viel kolportierten Sage zufolge soll der Name der Stadt nach demjenigen Tier benannt worden sein, das Stadtgründer Berthold V. als Erstes bei einem Jagdausflug erlegen würde. Ein Bär soll es gewesen sein, und so taufte man die Stadt auf den Namen Bärn. Im Nachhinein kann man froh darüber sein, dass es kein Kaninchen oder Wildschwein war. Der Bär schaffte auch den Sprung ins Stadtwappen. Dass die Stadt allerdings einen Bärengraben braucht, wird von Tierschützern seit Jahrzehnten infrage gestellt. Seit dem 15. Jahrhundert werden Braunbären an der Aare am östlichen Altstadtrand gehalten, bis noch vor wenigen Jahren in einem Zwinger unter erbärmlichen Bedingungen. 2009 konnte die Bärenfamilie endlich in ein artgerechteres Gehege umziehen. Schweizer Hauptstadt ist Bern seit 1848, als vormals mächtiger Stadtstaat hatte sie überraschenderweise keine große Mühe, sich gegenüber den anderen Bewerbern Zürich und Luzern durchzusetzen. Eigentlich wollte sich der Schweizerische Bundesstaat überhaupt keine zentrale Hauptstadt geben, viele Kantone plädierten für einen im zweijährigen Wechsel rotierenden Regierungssitz. Als Kom-

Astronomische Uhr aus dem Jahr 1406 am Zeitglockenturm (oben). Im Bundeshaus am Bundesplatz ist die Schweizer Demokratie zuhause (unten). Historisches Ensemble über dem Thuner See: der wuchtige Bergfried von Schloss Spiez mit der benachbarten frühromanischen Schlosskirche (oben rechts).

promiss einigte man sich schließlich auf die Wahl einer sogenannten Bundesstadt – mitunter können die Schweizer schon spitzfindig sein. Fakt ist: Von Bern aus wird die Schweiz regiert und verwaltet.

Das Zentrum der Schweizer Demokratie

Das Schweizer Parlament tagt seit 1902 in dem Parlamentsgebäude, das Teil des Bundeshauses ist. Wer den Berliner Reichstag oder den Pariser Élysée-Palast mag, muss das Gebäude am Bundesplatz nicht unbedingt auch mögen. Der etwas zu bombastisch geratene Bau verkörpert ganz den damaligen Zeitgeist, heute würden das die Berner sicherlich anders machen. Nationaldenkmal ist der Regierungssitz trotzdem geworden. Er wird von einem monumentalen Kuppelbau gekrönt, dem eine antike Säulenvorhalle vorgelagert ist. Das Besondere: das verbaute Material stammt aus den verschiedensten Teilen der Schweiz, so kommen

Marmor, Sandstein, Granit und andere Gesteine aus den Steinbrüchen von 13 Kantonen. Im Rahmen einer kostenlosen Führung kann man täglich außer sonntags in die Versammlungssäle vordringen und einen Blick auf das von mit allegorischen Szenen der Schweizer Geschichte ausgemalte Kuppelgewölbe werfen. Mit einem Wandbild von der Rütliwiese im Nationalratssaal oder den in den Arkaden des Ständeratssaals eingelassenen Jahreszahlen zur Schweizer Verfassung ist ein Schnellkurs durch die eidgenössische Demokratiegeschichte garantiert.

UNESCO-Welterbe

»Sie ist die schönste, die wir gesehen haben«, schrieb 1779 Johann Wolfgang von Goethe nach seiner zweiten Schweizer Reise über die Stadt an der Aare. Das war zwar einige Jahre, bevor er nach Italien aufbrach und dort Florenz und Neapel kennenlernte, doch auch im Nachhi-

nein muss man dem Dichterfürsten zustimmen, dass die Altstadt von Bern tatsächlich außergewöhnlich ist. Das wird auch von der UNESCO so gesehen, die 1983 Bern in die Liste der Welterbestätten aufnahm. Einen nicht unwesentlichen Beitrag dazu leistete das Münster. Kein anderer Kirchturm in der Schweiz kommt an die 100 Meter des Berner Münsters heran. Vom Ausguck ganz oben genießt man über das Mittelland hinweg eine großartige Aussicht auf die Berner Alpen. Viele Besucher finden, das Münster sei zudem auch das schönste. Von dem Straßburger Baumeister Matthäus Ensinger entworfen, gehört es zweifelsohne zu den Meisterwerken gotischer Baukunst in der Schweiz. Den Grundstein dazu legte man erst 1421, mehr als 200 Jahre nach der Stadtgründung. Und bis der Turm 1893 schließlich

seine Spitze aufgesetzt bekam, sollten nochmals etliche Jahrhunderte vergehen. Doch Bern ist ja bekannt dafür, dass alles ein bisschen langsamer läuft und die Zeit keine so große Rolle spielt. Das Ergebnis kann sich jedenfalls mehr als sehen lassen. Das fängt schon an der herausragenden Steinmetzarbeit am Hauptportal an, in dessen Tympanon das Jüngste Gericht dargestellt wird.

Laubengänge und Tortürme

Ein Bummel durch das Welterbe ist purer Genuss, zumal in den kopfsteingepflasterten Altstadtgassen der motorisierte Verkehr bis auf Zulieferer außen vorgehalten wird. Die räumliche Enge der Halbinsel macht die historische Altstadt gut überschaubar. Alles Sehenswerte liegt bequem in Fußnähe. Der von den Zähringern angelegte mittelalterliche

Die Justitia mit Richtschwert und Waage auf dem Berner Gerechtigkeitsbrunnen (oben). Als Namensgeber der Bundeshauptstadt musste ein Bär herhalten, im Bärengraben tummeln sich daher nicht von ungefähr einige Braunbären (unten). Der Bärenplatz ist Berns zentraler Altstadttreff – früher verlief hier der Stadtgraben (unten links).

KÄSE AUS DEM EMMENTAL

Holland hat den Gouda, Frankreich den Camembert, die Schweiz als bekannteste unter vielen Käsemarken den Emmentaler, einen aus Rohmilch hergestellten Hartkäse mit ovalen Löchern, der mittlerweile auch im Allgäu und im Bregenzerwald hergestellt wird. Bei einer Führung durch die Schaukäserei in Affoltern erfährt man unter anderem, wie die Löcher in den Käse kommen und was es mit der geschützten Ursprungsbezeichnung auf sich hat. Und hätten Sie gewusst, dass man 12 l frische Milch für 1 kg Käse braucht? Zu einem zünftigen Brunch lädt die Käserei jeden Sonntag ein, bei schönem Wetter sitzt man auf der Terrasse bei Gipfeli, Weggli, Rösti und natürlich Emmentaler. Angeschlossen ist auch ein großes Käsefachgeschäft.

WEITERE INFORMATIONEN

Bern Tourismus: Bahnhofplatz 10a, 3011 Bern, Tel. 031-328 12 12, 1. Jan.–31. Dez. Mo–Sa 9–19, So und feiertags 9–18 Uhr, www.bern.com
Emmentaler Schaukäserei: Schaukäsereistr. 6, 3416 Affoltern, Tel. 034-435 16 11, April–Okt. 9–18.30 Uhr, Nov.–März 9–17 Uhr, www.emmentaler-schaukaeserei.ch

Grundriss blieb so gut wie unverändert erhalten. Die Straßen heißen immer noch Gassen, obschon die Marktgasse mit einer anständigen Breite aufwarten kann und durchaus auch als Boulevard durchgehen könnte. Vom Käfigturm am Bärenplatz ziehen sich die Marktgasse und deren Verlängerungen, die Kramgasse und Gerechtigkeitsgasse, als zentrale Achse bis zur Nydeggbrücke am östlichen Altstadtrand, die über die Aare mit dem »Festland« verbindet. Nach Westen sicherte ursprünglich der 1256 erbaute Zeitglockenturm die Altstadt ab, doch nachdem das Quartier im Aarebogen aus allen Nähten platzte, übernahm der Käfigturm diese Aufgabe. Lange Zeit musste der Torturm als Gefängnis herhalten, heute zeigt darin das Polit-Forum des Bundes Ausstellungen zu Zeitfragen. Ein Highlight für Fotofans sind darüber hinaus die alljährlich präsentierten besten Pressefotos der Schweiz. Berner Wahrzeichen blieb allerdings der Zeitglockenturm. Auf der zur Kramgasse weisenden Turmansicht kann jede Stunde dem Figurenspiel einer Automatengruppe zugeschaut werden. Jeweils dreieinhalb Minuten vor dem Stundenschlag kündigt ein krähender Hahn den Stundenwechsel an. Daraufhin setzt sich eine Gruppe von Bären in Bewegung, ein Narr schlägt zwei kleine Glocken, obwohl es immer noch nicht so weit ist. Exakt zur vollen Stunde tritt schließlich Kronos, seines Zeichens Gott der Zeit, auf den Plan, dreht eine Sanduhr um und hebt sein Zepter zu jedem Glockenschlag der großen Stundenglocke. Das Schöne an Berns Altstadt sind ihre durchgehenden Arkadengänge, was besonders praktisch in den beiden lebhaften Einkaufsmeilen der Markt- und

Kramgasse ist. Da kann es selbst mal regnen. Alle Laubengänge bringen es zusammen auf die stolze Länge von sechs Kilometern. In der Kramgasse Nummer 49 wohnte übrigens von 1903 bis 1905 Albert Einstein. Er arbeitete im Patentamt und hatte nebenbei anscheinend genügend freie Zeit, um an seiner Relativitätstheorie zu forschen. In dem Bürgerhaus erinnern ein paar Dokumente und Fotos an den großen Physiker.

Skurrile Hingucker: Brunnen

Typisch für Bern sind die originellen historischen Altstadtbrunnen. Ursprünglich dienten sie zur öffentlichen Wasserversorgung. Heute sind die im Stil der Renaissance gebauten Wasserspender einfach nur schön anzusehen. Der berühmteste davon ist der von dem Freiburger Bildhauer Hans Gieng geschaffene Kindlifresserbrunnen am Kornhausplatz. Seit 1546 sitzt dort ein furchterregend anzuschauender Unhold auf dem Brunnenstock und ist gerade dabei, ein nacktes Kind zu verschlingen. Sein Appetit scheint unersättlich zu sein, der Sack an seiner Seite ist mit weiteren Kindern gefüllt. Der Hintergrund für das ungewöhnliche Motiv dürfte eine Fastnachtsfigur sein, mit der einstmals erzieherisch auf ungehorsame Kinder eingewirkt werden sollte. Ebenfalls originell: Am Simsonbrunnen reißt der biblische Held Samson mit bloßen Händen einem Löwen den Rachen auf. Und der Gerechtigkeitsbrunnen, ein paar Schritte weiter, zeigt die Justitia mit verbundenen Augen und dem Richtschwert und der Waage in den Händen. Die Brunnenfigur musste allerdings nach wiederholten vandalistischen Attacken bereits mehrfach instand gesetzt werden.

20 Zentrum Paul Klee – Hommage an ein Schweizer Jahrhundertgenie

Kunst, postmoderne Architektur und Kulinarik

Blauer Reiter, Tunisreise und Bauhaus markieren die Stationen von einem der bedeutendsten Maler des 20. Jahrhunderts. Die Bundeshauptstadt ehrt den in Münchenbuchsee bei Bern geborenen Künstler mit einem großen Museum, das auch durch seine extravagante Architektur zu überzeugen weiß.

Manche große Künstler malen viel, andere wenig. Von dem holländischen Altmeister Vermeer etwa sind lediglich 37 Bilder bekannt, Paul Klees Gesamtwerk umfasst dagegen etwa 10 000 Arbeiten – Gemälde, Aquarelle, Zeichnungen. Davon besitzt das 2005 im Quartier Schöngrün östlich der Berner Altstadt eröffnete Zentrum Paul Klee rund 4000 Werke und vereint damit die weltweit größte Sammlung des Künstlers unter einem Dach. Auf 1750 Quadratmetern werden rotierend jeweils 120 bis 150 Werke zu verschiedenen Themen gezeigt, oft ergänzt durch ausgewählte Leihgaben.

Nicht nur die Sammlung hat es in sich, der Weg nach Schöngrün lohnt auch der Architektur wegen. Dem Tessiner Architekten Mario Botta ging es darum, »einen Ort zu schaffen, der dem Geist von Paul Klee entspricht«. Drei wellige Stahl-Glas-Konstruktionen werden durch eine 150 Meter lange Museumsmeile miteinander verknüpft. Im nördlichen Trakt

des Zentrums versteht sich Creaviva als Museum im Museum. Das Kindermuseum hat es sich zum Ziel gesetzt, Kunst erfahrbar zu machen. Zum museumspädagogischen Konzept gehört ein breites Angebot an Workshops und offenen Ateliers, in denen Kunst erlebnisorientiert vermittelt wird. An den Kursprogrammen – beispielsweise Aquarellmalerei, Siebdruck oder Radierung – können übrigens nicht nur Kinder und Jugendliche teilnehmen, auch Erwachsene sind willkommen. Im zugehörigen Loft werden wechselnde Ausstellungen mit didaktischem Hintergrund gezeigt.

Neben Klee und Architektur gibt es noch einen dritten Grund, nach Schöngrün zu kommen: In unmittelbarer Nachbarschaft zum Zentrum präsentiert das Feinschmeckerlokal »Schöngrün« Gaumenfreuden auf höchstem Niveau.

INFO: Zentrum Paul Klee, Monument im Fruchtland 3, 3000 Bern 31, Tel. 031-359 01 01, Di–So 10–17 Uhr, www.zpk.org

Extravagante Kunst gepaart mit moderner Architektur und kulinarischem Genuss – Mario Renzos Museumsbau im Berner Quartier Schöngrün lohnt in jeder Hinsicht den Besuch.

21 Thuner See – ein Alpensee wie aus dem Bilderbuch

Strandbäder, Schlösser und populäre Musicals

Tiefes Blau kontrastiert zu sattgrünen Wiesen und den schneebedeckten Gipfeln von Eiger, Mönch und Jungfrau – am Thuner See kommt man angesichts der Postkartenlandschaft leicht ins Schwärmen. Das Gewässer im Berner Oberland füllt eine 18 Kilometer lange und bis zu vier Kilometer breite Schwemmlandebene, die Ufer säumen kleine Ortschaften, Schlösser und Burgen, und das gemäßigte Seeklima macht selbst etwas Weinbau möglich.

Im Schloss Hünegg bei Hilterfingen paart sich Renaissance mit Anleihen des Jugendstils (oben). Die malerische Lage am Nordufer des Thuner Sees macht Schloss Oberhofen zu einem viel besuchten Tagesziel (rechte Seite unten).

Landschaftsmaler wie Ferdinand Hodler müssen sich am Thuner See wie im Paradies vorkommen. Hodlers Alpenansichten machten den gebürtigen Berner zum bekanntesten nationalen Maler des 19. Jahrhunderts. Eines seiner Lieblingsmotive war der Niesen, der mit seiner pyramidenartig zugespitzten Silhouette das Südufer des Thuner Sees beherrscht. Auch William Turner, Paul Klee und August Macke hielten den Berg auf der Leinwand fest. Er ist relativ leicht zugänglich. Im 19. Jahrhundert war es üblich, den 2362 Meter hohen Gipfel hoch zu Ross zu erobern. Wer es sich leisten konnte, ließ sich in einer Sänfte hinauftragen. Von Mülenen aus erreicht man den Gipfel heute bequem per Standseilbahn.

Aktivitäten rund ums Wasser

Das größte Wassersportzentrum im Berner Oberland lockt mit vielfältigen Angeboten. Mit 558 Metern über null liegt der See tief genug, um sich im Hochsommer auf angenehme Badetemperaturen zu erwärmen. Es gibt gepflegte Strandbäder, und Segler und Windsurfer finden gute Bedingungen vor. Die Segelschule in Hilterfingen offeriert ein breites Kursprogramm: Schnuppersegeln für Einsteiger, Optimisten-Kurse für Kinder, Regattasegeln … Oder man schippert einfach nur über den See, auf einem modernen Solarboot oder dem 100 Jahre alten Schaufelraddampfer »Blümlisalp«; wenn es romantisch sein soll, auch gerne zum Sonnenuntergang! Das kulturelle Sommerereignis sind die Thuner See-Spiele, wenn auf der Seebühne ein Musical-Programm aufgeführt wird.

Schlösser und Burgen

Die Schlösserdichte rund um den Thuner See ist beachtlich. Praktisch alle der einst von Rittern und hohen Herrschaften belebten Burgen und Repräsentationsbau-

ten stehen heute im Dienste des Tourismus und dürfen auch von innen besichtigt werden. Der Hauptort Thun an der Nordspitze des Sees kann gleich mit zwei Schlössern aufwarten. Thun ging aus einer Ende des 12. Jahrhunderts errichteten Hügelburg der Zähringer hervor, die seither kaum verändert wie ein Luftschloss über der schmucken Altstadt zu schweben scheint. Hinter den dicken Mauern des Burgturms öffnen sich ein romanischer Rittersaal und eine kulturgeschichtliche Sammlung mit Majolika-Fliesen, wie sie früher am See hergestellt wurden. Das Schloss Schadau im Ortsteil Scherzlingen wurde dagegen zu einer Zeit gebaut, als man sich nicht mehr verbarrikadieren musste. Es prunkt mit einer Schaufassade, die aus verschiedenen Stilrichtungen schöpft. Passend zu einem Gastronomiemuseum offeriert ein Restaurant gehobene Küche in stilvollem Rahmen, dazu gibt es einen ans Seeufer grenzenden Schlossgarten mit Parkbänken genau an den schönsten Stellen. Mit einer malerischen Lage überzeugt das Wasserschloss Oberhofen, und auch Schloss Spiez am Südufer braucht sich nicht zu verstecken. Dort lohnt ein Blick in die benachbarte frühromanische Schlosskirche, die mit ihrem Campanile auch nach Oberitalien passen würde.

Altlasten

Ein Schatten trübt allerdings die ansonsten blütenreine Weste des Thuner Sees. Nach dem Zweiten Weltkrieg wurden von der Schweizer Armee Tausende von Tonnen nicht mehr benötigte Munition in den See gekippt. Aus umweltpolitischer Sicht erscheint dies untragbar. In den letzten Jahren wurde wiederholt das Für und Wider einer möglichen Bergung diskutiert. 2012 attestierte man den mittlerweile unter einer meterdicken Schlickschicht auf dem Seegrund liegenden Altlasten, dass keine Gefahr davon ausgehe. Hoffentlich!

FREILICHTMUSEUM BALLENBERG

Was in Hofstetten westlich vom Brienzer See zusammengetragen wurde, ist erstaunlich. Auf etwa 66 ha verteilen sich über 100 bäuerliche Gebäude aus allen Landesteilen, vom einfachen Strohdachhaus bis zum rustikalen Bauernhof mit Heustall und Kornspeicher. Stein für Stein wurden die Häuser an ihren ursprünglichen Standorten abgetragen und hier originalgetreu wieder aufgebaut. Ein Rundgang gleicht einem Lehrgang durch die ländliche Architekturgeschichte, manche Häuser sind über 500 Jahre alt. Im Rahmen eines Veranstaltungsprogramms wird getanzt, gesponnen, geklöppelt und geschmiedet. Zum Saisonauftakt gießt die museumseigene Chocolaterie Osterhasen, immer duftet es nach frischem Biobrot aus dem Holzofen und regelmäßig wird gekäst.

WEITERE INFORMATIONEN

Segelschule Thuner See: Staatsstr. 28, 3652 Hilterfingen, Tel. 033-243 08 80, www.segelschule-thunersee.ch
Schweizerisches Freilichtmuseum Ballenberg: Museumsstr. 131, 3858 Hofstetten, Tel. 033-952 10 30, 6. April–31. Okt. tgl. 10–17 Uhr, www.ballenberg.ch
Thun Tourismus: Welcome-Center, Postfach 2582, 3601 Thun , Tel. 033-225 90 00, Mo–Fr 9–18.30, Sa 9–16 Uhr, Juli–Aug. So 9–13 Uhr, www.thunersee.ch

22 Interlaken – Alpenmetropole im Berner Oberland

Urige Folklore und Abenteuersport am Fuß der Jungfrau

Schon im 19. Jahrhundert wussten Reisende die hervorragenden Ausflugsmöglichkeiten rund um Interlaken und nicht zuletzt das unverstellte Panorama auf das Jungfraumassiv zu schätzen. Kultureller Mittelpunkt sind der Kursaal mit Casino und ein modernes Kongress- und Eventzentrum. In jüngster Zeit machte sich die Ferienstadt im Berner Oberland auch mit Abenteuertourismus einen Namen.

Unbeeindruckt von den Blumenrabatten im Kurgarten von Interlaken zeigt sich das Jungfraumassiv auch im Sommer in weißer Pracht (oben). Schweizer Brauchtum in Höchstform – beim Unspunnenfest auf der Höhenmatte wird der Schwingerkönig gekürt (unten). Interlaken liegt pittoresk am Fuß des Dreigestirns von Eiger, Mönch und Jungfrau (rechte Seite unten).

Interlaken überzeugt in erster Linie durch seine grandiose Lage auf der sogenannten Bödeli. Die Schwemmlandebene zwischen Thuner See und Brienzer See bot sich im 19. Jahrhundert als idealer Ausgangspunkt in die zum Greifen nahe gelegene Jungfrauregion an. Im Nachbarort Unterseen erzählt ein Touristikmuseum von den Anfängen des Fremdenverkehrs. Auf historischen Fotos sind wohlbeleibte Damen abgelichtet, wie sie sich auf Holztragen die Berge hinauf befördern ließen. Als Attraktion für die illustre Gästeschar stand auf der Wengerenalp eine Echokanone bereit, die gegen eine Gebühr von 50 Centimes gezündet wurde – das Echo des Knalls hallte zur Freude der Touristen zwischen den Tälern hin und her. Heute machen eine Autobahn und Intercity-Verbindungen mit Basel, Frankfurt und Berlin die Ferienstadt zu einem wichtigen Verkehrsknotenpunkt. Atmosphärisch gibt es in den Alpen allerdings schönere Orte.

Mekka für Abenteuersport

Im Windschatten der Vier- und Fünfsterneresorts aus der Gründerzeit öffneten jüngst etliche erschwingliche Backpacker-Herbergen. Für nicht wenige der jungen Gäste aus aller Welt sind die majestätischen Gipfel in der Nähe eher eine Kulisse für Nervenkitzel. Zu Lande, zu Wasser und in der Luft wird dem Abenteuerhungrigen eine breite Palette an Aktivitäten angeboten, vornehmlich solche, die das Adrenalin ins Wallen bringen. Segway-, E-Bike- oder Mountainbike-Touren gehören dabei zu den harmlosen Arten der Fortbewegung. Auch ein Segeltörn auf dem Thuner See hat eher etwas Gemütliches. Richtig zur Sache geht es dagegen bei Rafting, Canyoning, Bungeespringen und Sky Diving. Klettermöglichkeiten gibt es sowohl In- als auch Outdoor, auch ein Seilpark hält etliche Parcours für Fortgeschrittene bereit. Als Mutprobe wird der Gang über die 170 Meter lange Hängeseilbrücke über

die Triftschlucht verkauft, von der man ganz nebenbei einen umwerfenden Blick auf die Zunge des Triftgletschers werfen kann. Für den Winter ist Interlaken ebenfalls bestens aufgestellt: Schneeschuh-Trekking, Eisklettern, Gletscherwanderungen und Heliskiing lassen bei dem sportiven Publikum keine Langeweile aufkommen. Interlaken ist zudem eine Hochburg der Gleitschirm- und Deltaflieger, exponierte Startplätze gibt es mehr als genug. Bevorzugter Landeplatz ist die Höhematte mitten im Ortszentrum.

Hauptstadt des Schweizer Brauchtums

Die Höhematte mitten im Ort ist Festplatz für eines der größten Brauchtumsfeste der Schweiz, das Unspunnenfest. Es ist eine Art Schweizer Olympiade, bei der die Athleten in verschiedenen Disziplinen ihre Kräfte messen können. Im Mittelpunkt steht das Schwingen, eine Variante des Ringkampfs, der in der Schweiz zum Nationalsport avancierte. Bereits Monate im Voraus finden Qualifikationswettbewerbe statt. Schwingerkönig zu werden wiegt fast so viel wie der Gewinn einer olympischen Medaille.

Das Highlight schlechthin aber ist der Stoßwettbewerb mit dem 167 Pfund schweren Unspunnenstein. Den Rekord hält derzeit mit 4,11 Metern der aus dem Kanton Freiburg stammende Markus Maire. Als Rahmenprogramm zu diesem Spektakel werden Fahnen geschwungen, Volkstänze aufgeführt und auch das Jodeln kommt nicht zu kurz.

Das Besondere am Unspunnenfest: Es findet relativ selten statt. Premiere war im Jahr 1805, damals noch auf der nahe gelegenen Burgruine Unspunnen. Seither traf sich die Elite der Schweizer Schwinger und Steinwerfer erst neunmal, letztmalig 2006. Den nächsten Termin für die drei tollen Folkloretage sollte man sich daher jetzt schon vormerken: Sie finden im Sommer 2017 statt.

VICTORIA-JUNGFRAU GRAND HOTEL & SPA

Mit einer kleinen Pension fing 1856 alles an. Mehrfach erweitert, ging daraus ein kuppelbekrönter Prunkbau hervor. Das »Victoria-Jungfrau« ist ein Grand Hotel der alten Schule, das es verstand, durch innovative Impulse auf der Höhe der Zeit zu bleiben. Tradition paart sich mit klassischer Eleganz und luxuriösem Komfort: Zum Haus gehört eine große Wellnesslandschaft, die in puncto Beauty, Entspannung und Fitness keine Wünsche offen lässt. Der pompöse Ballsaal, Spiegelbild der Belle Époque, stellt den Rahmen für Hochzeiten, Familienfeiern und Geschäftsevents. Externe Gäste kommen gerne zum Sonntagsbrunch in die Brasserie (reservieren!) oder zum anschließenden Afternoon Tea. Liebhaber einer Zigarre treffen sich im Salon Davidoff.

WEITERE INFORMATIONEN

Interlaken Tourismus: Höheweg 37, 3800 Interlaken, Tel. 033-826 53 00, Okt.–April Mo–Fr 8–12, 13.30–18, Sa 9–12 Uhr, Mai–Juni Mo–Fr 8–18, Sa 8–16 Uhr, Juli–Aug. Mo–Fr 8– 20, Sa 8–17, So 10–16 Uhr, Sept. Mo–Fr 8–18, Sa 9– 13 Uhr, www.interlaken.ch
Victoria-Jungfrau Grand Hotel & Spa: Höheweg 41, Tel. 033-828 28 28, www.victoria-jungfrau.ch

Im Vordergrund das Gletscherwasser der Aare, im Hintergrund das Jungfraumassiv, dazwischen kommen in Interlakens Hotelburgen Feriengäste aus aller Welt unter.

23 Eiger, Mönch und Jungfrau – Top of Europe

Mit der Zahnradbahn hinauf ins ewige Eis

Die Drei- und Viertausender von Eiger, Mönch und Jungfrau sind das berühmteste Gipfeltrio der Schweiz. Zusammen mit dem Aletschgletscher darf sich die spektakuläre Gebirgsregion seit 2001 Weltnaturerbe der UNESCO nennen. Eine Zahnradbahn führt ganzjährig zum Jungfraujoch hinauf. Die Gäste erwartet dort einer der großartigsten Logenplätze in den Alpen – sofern das Wetter mitspielt.

Allein wird man ganz sicher nicht auf dem Jungfraujoch stehen – der Besucherrekord beläuft sich auf 8148 Personen pro Tag. Vor allem an sonnigen Tagen herrscht ein multikultureller Trubel fast wie in einer Millionenmetropole. Die Gäste aus aller Welt haben die Wahl zwischen mehreren Restaurants und Snackbars, in Souvenirgeschäften werden billige Mitbringsel und teure Schweizer Uhren verkauft, und Profi-Fotografen beraten bei der richtigen Motivwahl für das Erinnerungsfoto. Egal, ob man ein paar Schritte im Schnee wandern möchte oder nicht, eine schützende Windjacke sollte man unbedingt dabeihaben, und angesichts der reflektierenden UV-Strahlen auch eine Sonnenbrille.

Europas höchstgelegener Bahnhof

Die Idee, eine Bahnstrecke auf das Jungfraujoch zu bauen, geht auf den Industriellen und Eisenbahnpionier Adolf Guyer-Zeller zurück, der 1893 auf einer Wanderung die Jungfrauregion kennen und lieben lernte. Ursprünglich war gar der Gipfel der Jungfrau als Bahnziel anvisiert, doch begnügte man sich dann mit dem Jungfraujoch, einem 3471 Meter hohen markanten Verbindungsgrat zwischen Mönch und Jungfrau. Zu jener Zeit befand sich bereits eine Bergstation auf der Kleinen Scheidegg. Es bedurfte also »nur« noch einer Anschlussbahn. Mit dem Bau wurde 1896 begonnen, 16 Jahre später konnte am 1. August 1912 die elektrische Zahnradbahn eröffnet werden. Bis heute gilt sie als Meisterwerk der Ingenieurskunst.

Auch 100 Jahre nach der Eröffnung ist die Faszination der Jungfraubahn ungebrochen. Geschickt als »Top of Europe« vermarktet, fahren von der Talstation Kleine Scheidegg jährlich rund 700 000 Passagiere hinauf, trotz des exorbitant hohen Fahrpreises. Um vor Witterungseinflüssen geschützt zu sein, legte man die Trasse in den Berg hinein, von

Berühmt-berüchtigt: Mit einer Höhe von 1800 m ist die Eigernordwand das Nonplusultra im Alpenraum (oben). Im Bergfrühling verzaubern blühende Alpenrosen die Schynige Platte in ein rosa Blütenmeer (rechte Seite oben). Der Höhenbahnhof Kleine Scheidegg fungiert als Zwischenstation auf dem Weg zu Eiger und Jungfrau (rechte Seite unten).

82

Das Sphinx-Observatorium thront auf einem Felsen über dem Jungfraujoch (oben). Ein Lift bringt in Sekundenschnelle Besucher auf die Aussichtsplattform zur Sphinx hinauf (Mitte). Auch im Sommer sollte man sich im Eispalast auf dem Jungfraujoch warm anziehen (unten). Wanderfreuden vor imposanter Kulisse (rechte Seite unten).

der knapp zehn Kilometer langen Strecke führen sieben Kilometer durch Tunnels. Damit die Auffahrt für die Passagiere nicht ganz im Dunkeln bleibt, wurden spektakuläre Zwischenhalte eingebaut: Von der Station Eigernordwand öffnet sich praktisch mitten in der Wand ein Panorama bis hinab nach Grindelwald.

Sphinx, Eispalast und Mönchsjochhütte

Das Jungfraujoch ist nicht das Ende der Fahnenstange, es geht noch ein kleines Stück höher hinauf zur 3571 Meter hohen Aussichtsplattform der Sphinx. Vom Bahnhof führt ein 230 Meter langer Stollen zur Sphinxhalle, die letzten 100 Höhenmeter übernimmt dann ein Lift. Nach nur 25 Sekunden ist eine der berühmtesten Aussichtsterrassen der Alpen erreicht, von der sich ein fantastischer Ausblick auf den Aletschgletscher öffnet. Auf der Sphinx werden rund um die Uhr eine Forschungsstation und ein Observatorium betrieben. Unter der Kuppel hat eine Wetterwarte Platz gefunden. Eine Attraktion ist auch der Besuch des Eispalastes. Vor allem, wenn die mitunter stürmischen Wetterverhältnisse keine anderen Aktivitäten zulassen, flüchten sich die Besucher in die aus dem Gletschereis geschnittene über 1000 Quadratmeter große Halle. Dort können bläulich schimmernde Eisskulpturen bestaunt werden: Pinguine, Eisbären und Greifvögel. Kurioserweise muss der Eispalast mit einer Klimaanlage gekühlt werden, denn die vielen Besucher mit ihrer mitgebrachten Körperwärme würden ansonsten die fragilen Skulpturen zu schnell abschmelzen lassen. Wärmer als zwei Grad minus ist es im Eispalast nie. Wer dem Rummel auf

dem Jungfraujoch entfliehen will, kann sich vom Bergbahnhof zu Fuß zur Mönchsjochhütte aufmachen. Die Gletscherwanderung ist ein Erlebnis der besonderen Art. Auf einem gut präparierten Wanderweg erreicht man ohne Seil, Steigeisen und Bergführer in weniger als einer Stunde die bewirtschaftete Berghütte, wobei man allerdings der Versuchung widerstehen sollte, eine der Gletscherspalten am Wegesrand näher in Augenschein zu nehmen. Die auf Stahlpfosten gebaute Berghütte auf 3657 Metern lehnt sich spektakulär an eine schräg abfallende Felswand, auch der Cappuccino ist großartig.

Mythos Eigernordwand

Gerade mal 30 Meter fehlen dem Eiger zu einem Viertausender, dennoch ist der 3970 Meter hohe Berg weltberühmt, nicht des Gipfels wegen, sondern wegen der Nordwand auf dem Weg dorthin. An der Wand der Wände strebt der Fels 1800 Meter fast senkrecht himmelwärts. Sollte gerade einer der rund 100 Bergsteiger unterwegs sein, die jährlich die Eigernordwand bezwingen, kann man das Abenteuer von der Kleinen Scheidegg aus mit bloßem Auge verfolgen. Für Bergsteiger ist die Nordwand des Eiger ein Mythos, der bislang mehr als 60 Opfer forderte. Angesichts von Eisfeldern, blankem Fels und der Gefahr durch Steinschlag und plötzlichen Wetterumschwung galt »das letzte Problem in den Alpen« bis in die 1930er-Jahre als unbezwingbar. Damals waren bereits so gut wie alle Alpengipfel und Schlüsselstellen erobert. Die heute als relativ unschwierig angesehene Westroute auf den Eigergipfel gelang bereits im Sommer 1858. Die

Grindelwalder Bergführer Christian Ahmer und Peter Bohm waren damals im Auftrag des Iren Charles Barrington unterwegs, der es im Schlepptau der beiden ebenfalls auf den Gipfel schaffte. An der Nordwand schrieb schließlich 1938 eine deutsch-österreichische Seilschaft Geschichte. Ungeachtet mehrerer vorangegangener Versuche mit tödlichem Ausgang macht sich die Vierergruppe, zu der auch Heinrich Harrer gehörte, am 21. Juli auf den Weg, drei Tage und drei Nächte später standen sie auf dem Gipfel.

Von den Nazis wurde die Erstbesteigung sogleich propagandistisch ausgeschlachtet. Adolf Hitler feierte die vier Bergsteiger »als Zeugnis des unbeugsamen Siegeswillens der deutschen Jugend« und ließ es sich nicht nehmen, das Erfolgsteam persönlich zu beglückwünschen. Geübte Bergsteiger meistern heute die Durchsteigung der Nordwand in zwei Tagen, Reinhold Messner und Peter Habeler stellten 1974 mit zehn Stunden einen Geschwindigkeitsrekord auf, der 30 Jahre lang Bestand haben sollte. 2011 schaffte der Schweizer Extrembergsteiger Dani Arnold die Wand im Alleingang in zwei Stunden und 28 Minuten.

Auf dem Eiger-Trail

Man muss nicht unbedingt durch die Wand gehen, auch die Route am Fuß von dieser ist eine spannende Unternehmung. Die luftige Sommertour hat den Vorteil, dass sie von jedermann begangen werden kann. Alpine Erfahrung ist nicht erforderlich, gute Bergschuhe, Trittsicherheit und Schwindelfreiheit sollte man jedoch mitbringen. Eine ausgesetzte Passage ist mit Seilen gesichert. Der Steig wird erst nach der Schneeschmelze geöffnet. Angesichts der schattigen Nordlage ist das in der Regel nicht vor Ende Juni der Fall. Die Wanderung beginnt an der Bahnstation Eigergletscher und führt eine Stunde lang am Wandfuß entlang und in einer weiteren Gehstunde hinab zur Bahnstation Alpiglen.

24 Schilthorn – James Bond lässt grüßen

Ein Drehrestaurant auf einem Aussichtsgipfel par excellence

Das Schilthorn erlaubt fulminante Aussichten ins Berner Oberland. Viele Besucher des 2970 Meter hohen Gipfels meinen gar, es sind die schönsten Panoramen in den Schweizer Alpen, und noch spektakulärer als jene vom gegenüberliegenden Jungfraujoch, das sich vor dem Drehrestaurant auf dem Schilthorn in seiner ganzen Größe zeigt. Unbedingt etwas Warmes zum Anziehen nicht vergessen, auch im Hochsommer kann es auf fast 3000 Metern mitunter ziemlich frisch sein!

Im Drehrestaurant auf dem Schilthorn ändert sich das Alpenpanorama alle paar Minuten (oben). Lohnender Zwischenstopp auf der Fahrt zum Schilthorn ist die Station Birg, das dortige Berglokal thront spektakulär auf einer Felsklippe (unten). Auch aus der Ferne hat das Schilthorn seinen Reiz (rechte Seite unten).

Kaum war im Jahr 1967 die Luftseilbahn auf den Panoramagipfel eröffnet, meldete sich die englische Produktionsfirma der James-Bond-Filme und fragte um eine Drehgenehmigung an. Genau das dafür eingenommene Honorar brauchte es, um den durch einen finanziellen Mangel ins Stocken geratenen Bau des Drehrestaurants fertigzustellen – und mit dessen Namen »Piz Gloria« wurde dann auch noch der fiktive Name aus dem Film übernommen.

Für die Außenaufnahmen für den zu einem Klassiker der Filmgeschichte gewordenen Streifen »Im Geheimdienst Ihrer Majestät« wurde außer auf dem Schilthorn auch noch in Mürren und in Lauterbrunnen gedreht. In einer der Schlüsselszenen rast Geheimagent 007 alias James Bond alias George Lazenby in einer rasanten Tiefschneeabfahrt vom Schilthorn bis nach Mürren hinab. Den Stuntman spielte dabei übrigens kein Geringerer als der Skirennfahrer und spätere Modedesigner Willy Bogner.

Mit der Luftseilbahn nach Mürren

Mehr als zwei Millionen Besucher kommen jedes Jahr auf das Schilthorn, mit dem Mythos James Bond allein lässt sich das heute nicht mehr erklären. Die erlebnisreiche Tour beginnt in Stechelberg, einem ruhigen Ferienort am Eingang zum Hinteren Lauterbrunnental. Begleitet von donnernden Wasserfällen zieht die Gondel der Luftseilbahn zunächst an schroffen Felswänden zur Station Gimmelwald hinauf. Wer viel Zeit hat, kann von der autofreien Walsersiedlung durch das Sefinental zur Kilchbalmhöhle wandern. Ein lohnender zweiter Stopp ist der Ort Mürren. Das ebenfalls autofreie Dorf liegt pittoresk auf einer Bergterrasse 700 Meter über dem Lauterbrunnental und ist für sein hinreißendes Panorama mit Blick auf das Dreigestirn von Eiger, Mönch und Jungfrau bekannt. Für Preisbewusste bietet sich von Mürren aus alternativ zur Auffahrt zum Schilthorn der Allmendhubel (1907 Meter) an. Dort können auf der breiten Gipfelkuppe auf einem Blu-

menpfad bis zu 150 verschiedene Alpenblumen entdeckt werden.

Piz Gloria auf dem Schilthorn

Über die Station Birg (2677 Meter) wird schließlich nach 32 Minuten Fahrzeit das Schilthorn erreicht, von der Talstation aus hat sich die Höhendifferenz dabei inzwischen auf mehr als 2000 Meter summiert.

Wem nach einem zweiten Frühstück ist, der wird im Gipfelrestaurant »Piz Gloria« mit einem James-Bond-Frühstück versorgt, inklusive Prosecco selbstverständlich. Sofern man sich dazu 50 Minuten Zeit lässt, dreht sich unterdessen das Lokal im Schneckentempo einmal um die eigene Achse. Dabei ist nicht nur die Jungfrau zum Greifen nahe, weitere 200 Alpengipfel sind im Blick, an Tagen mit guter Fernsicht reicht das Panorama bis zum Montblanc-Massiv, und auch die dagegen bescheidenen Höhen des Schwarzwaldes sind auszumachen.

Inferno-Rennen

Das sportliche Spektakel am Schilthorn ist das erstmals im Januar 1938 ausgetragene Inferno-Rennen. Das besondere an dem Abfahrtslauf: Es machen nur Amateure mit, und damit es auf der Strecke nicht zu voll wird, werden lediglich 1800 Läufer zugelassen. Los geht es kurz unterhalb vom Kleinen Schilthorn. Die Zieleinfahrt liegt gut 2000 Höhenmeter tiefer in Lauterbrunnen. Geübte Fahrer sind auf der knapp 16 Kilometer langen Strecke etwa eine Dreiviertelstunde unterwegs, die schnellsten brauchen weniger als 15 Minuten. Als Pendant gibt es im Sommer seit 1998 den Inferno-Triathlon. Geschwommen wird im Thuner See von Thun nach Oberhofen; dort wird auf das Rad gewechselt, und in Stechelberg beginnt dann der lange Lauf auf das Schilthorn. Mit insgesamt 5500 Steigungsmetern gehört der Triathlon am Schilthorn zu den größten sportlichen Herausforderungen in dieser Disziplin.

Rund um Grindelwald überziehen im Sommer grüne Matten das Tal der Schwarzen Lütschine (oben). Heimelige Alpenchalets vor der Kulisse des Groß Fierscherhorns (4093 m; unten).

25 Grindelwald und seine Gletscher

Weltbekanntes Feriendorf an der Eigernordwand

Wie lange wohl wird sich Grindelwald noch das Gletscherdorf am Fuß des Eigers nennen? Um den Eiger braucht man sich keine großen Gedanken zu machen, über die beiden Grindelwaldgletscher schon. Gerade im Zeitalter des Klimawandels ist eine Exkursion zu den beiden Eisströmen hochinteressant.

In der Jungfrau-Region ist Grindelwald im Tal der Schwarzen Lütschine der einzige Ferienort, der mit dem Auto angefahren werden kann, entsprechend groß ist mitunter der Andrang an Tagesausflüglern. Das Tal wird von beeindruckenden Bergstöcken eingerahmt, die hoch aufragenden Felswände von Eiger und Wetterhorn vermitteln Alpen-Feeling pur und hautnah. Die ersten Gäste kamen bereits im 19. Jahrhundert hierher; damals reichte die Zunge des Unteren Grindwaldgletschers noch bis an den Ortsrand heran.

Heute braucht es dazu bereits eine kleine Wanderung durch die Gletscherschlucht. Zwar hat sich das Eis aus dem Schluchtbett komplett zurückgezogen, beeindruckend ist der durch Stege, Felsgalerien und Tunnels ausgebaute Weg dennoch. Nicht minder imposant präsentiert sich die Gebirgslandschaft am Oberen Grindelwaldgletscher. Ausgangspunkt für eine Erkundung ist das Hotel Wetterhorn; noch vor 150 Jahren wurden in unmittelbarer Nähe dieses Gebäudes Eisblöcke aus dem Gletscher geschnitten und als Kühlmittel verwendet. Nun steigt man auf einem ziemlich steilen Treppenweg fast 1000 Stufen zu der zwischen glatt geschliffenen Felswänden eingezwängten, schmalen Gletscherzunge auf – etwa 200 Höhenmeter werden dabei überwunden. Für weitere Einblicke in die großartige Bergwelt bieten sich mehrere Aussichtswarten an, viele davon wie First, Männlichen, Kleine Scheidegg und Jungfraujoch sind mit Bergbahnen erschlossen und bequem zu erreichen.

Besucher mit wenig Zeit können mit der Luftseilbahn in ein paar Minuten auf die Pfingstegg schweben und von dort den Talblick Richtung Grindelwald genießen, in einem Jausenlokal einkehren oder auf einer kleinen Wanderung in Richtung Bäregghütte das Gebiet am Eiger in Augenschein nehmen, in dem sich im Sommer 2006 ein spektakulärer Felssturz ereignete.

INFO: Grindelwald Tourismus, Dorfstr. 110, 3818 Grindelwald, Tel. 033-854 12 12, Mo–Sa 8–12, 13.30–18, So 9–12, 13.30–17 Uhr, www.grindelwald.ch

26 Von der Schynige Platte zu Faulhorn und First

Eine klassische Höhenwanderung im Berner Oberland

Der Höhenweg zum First ist der Schweizer Wanderklassiker schlechthin. Für bequeme Auf- und Abstiegshilfen sorgen zwei Bergbahnen, in luftiger Höhe wandert man quasi von Bahnstation zu Bahnstation. Allein unterwegs wird man allerdings in den seltensten Fällen sein.

Schon die Anfahrt ist ein Erlebnis. Von Wilderswil zuckelt aussichtsreich eine hundertjährige Zahnradbahn hinauf zum Ausgangspunkt Schynige Platte auf knapp 2000 Metern Höhe. Nahe der Bergstation lohnt zunächst der botanische Alpengarten eine eingehende Besichtigung. Mehr als 500 Blütenpflanzen machen von der Alpenrose bis zum Edelweiß mit der alpinen Bergflora bekannt. Über Almwiesen geht es zum Louchera Grätli (1985 Meter); spätestens von dort zeigt sich das Dreigestirn von Eiger, Mönch und Jungfrau in seiner ganzen Größe. Nach gut 2,5 Stunden bietet sich auf halbem Weg eine Verschnaufpause im Berghaus Männdlenen an. Wer will, kann hier übernachten und nach Voranmeldung auf einer Wildführung Schneehühner, Gämsen und Murmeltiere entdecken. Auf dem felsigen, doch nie unangenehmen Steig rückt das Faulhorn allmählich näher, auf dem mit 2681 Metern schließlich der höchste Punkt der Route erreicht wird. Auch hier kann eingekehrt werden. Es folgt ein grandioser Abstieg zum Bachalpsee, an dem das ganz große Panorama wartet: Sofern das Licht stimmt, spiegeln sich in dem kleinen Bergsee die Gipfel von Schreckhorn und Finsteraarhorn. Der Lohn der Mühe für die insgesamt etwa sechs-stündige Bergwanderung ist eine zünftige Brotzeit im bereits 1832 erbauten Berggasthaus First. Auf der Sonnenterrasse lässt sich nochmals die wunderbare Bergtour Revue passieren. Bei all den spektakulären Panoramen entlang des Weges sollte man den Zeitplan einigermaßen im Hinterkopf behalten. Von Juli bis Mitte September verkehrt vom First die letzte Gondelbahn hinab nach Grindelwald um 18 Uhr, in der Nachsaison bereits um 16.30 Uhr. Wer das ganz Außergewöhnliche sucht: Die beschriebene Bergtour wird auch als geführte Mondscheinwanderung angeboten.

INFO: Interlaken Tourismus, Höheweg 37, 3800 Interlaken, Tel. 033-826 53 00, Okt–April Mo– Fr 8–12, 13.30–18, Sa 9–12 Uhr, Mai–Juni Mo–Fr 8–18, Sa 8–16 Uhr, Juli–Aug. Mo–Fr 8– 20, Sa 8–17, So 10–16 Uhr, Sept. Mo–Fr 8–18, Sa 9–13 Uhr, www.interlaken.ch

Ein überwiegend gut ausgebauter Trail garantiert eine aussichtsreiche Höhenwanderung, hier mit Panorama gegen das Schreckhorn.

27 Susten, Furka und Grimsel

Luftige Rundfahrt über drei berühmte Passübergänge

An Pässen mangelt es der Schweiz beim besten Willen nicht. Nicht wenige davon werden vom rollenden Verkehr als bloßes Hindernis empfunden, andere wie das Dreigespann von Susten, Furka und Grimsel sind wegen ihrer großartigen Berg- und Talansichten berühmt und viel befahren. Vor allem Motorradfahrer lieben es, sich hier in die Kurven zu legen. Wer es einigermaßen ruhig haben will, sollte die Wochenenden meiden.

Wie überall in den Alpen ist auch der Steingletscher am Sustenpass auf dem Rückzug. Der kleine Steinsee am Fuß der heutigen Gletscherzunge bildete sich erst in den 1940er-Jahren (oben). Die Aussichtsterrasse über dem Rhône-Gletscher liegt nur wenige Schritte abseits der Furkastraße (rechte Seite unten).

Bei zügiger Fahrweise sind die ungefähr 130 Kilometer zwischen den drei Alpenpässen in 2,5 Stunden machbar. Viel gesehen hat man dabei dann allerdings nicht.

Mit Fotostopps, einer gemütlichen Einkehr in einem der Ausflugslokale und dem einen oder anderen Abstecher lässt sich mit der Rundfahrt spielend ein ganzer Tag füllen.

Startpunkt Meiringen

Als Ausgangspunkt der Drei-Pässe-Fahrt bietet sich Meiringen im Haslital an. In dem pittoresken Kleinstädtchen am Oberlauf der Aare quartierten sich bereits vor mehr als 100 Jahren so viele englische Touristen ein, sodass gar eine englische Kirche errichtet wurde.

Der wohl prominenteste Gast hier war Sir Arthur Conan Doyle, der seinen Detektiv Sherlock Holmes – zum Leidwesen seiner Leserschaft – von den oberhalb des Ortes gelegenen Reichenbachfällen hinabstürzen ließ, um so endlich keine Fortsetzungsromane mehr erfinden zu müssen. Meiringen widmete der Krimifigur außer einem Bronzedenkmal auch ein Sherlock-Holmes-Museum.

Vor der Abfahrt kann man sich in einer der Konditoreien noch mit einem Vorrat an Meringuen eindecken. Das weiße Schaumgebäck aus Eischnee soll vor etwa 300 Jahren in Meiringen von einem italienischen Zuckerbäcker erfunden worden sein.

Sobald das Haslital im Rücken liegt, beginnt hinter Innertkirchen die mit Brücken und Tunnels gespickte lange Auffahrt zum Sustenpass (2224 Meter). Kurz vor der Passhöhe zieht der faszinierende Moränenzug des Steingletschers die Blicke auf sich.

Der Pass selbst wird von der Straße untertunnelt, ist jedoch vom Westportal aus zu Fuß in wenigen Minuten zu erreichen. Ein Berggasthaus abseits der mitunter lärmenden Straße erlaubt eine fulminante Aussicht auf die Gipfel im Berner Oberland.

Durch den Kanton Uri zur Furka

Der Sustenpass markiert die Grenze zwischen den Kantonen Bern und Uri. Auf der Sustenstraße geht es zunächst nach Göschenen am Nordportal des Gotthard-Tunnels hinab. Von dort windet sich die Straße in vielen Kehren die Schöllenenschlucht hinauf. Mitten in dem felsigen Nadelöhr wird die berühmte Teufelsbrücke gestreift.

Im Skiort Andermatt bieten sich Abstecher auf den Oberalppass und den Gotthardpass an, womit der Ausflug auf eine Fünf-Pässe-Fahrt erweitert werden könnte. Wer jedoch nur einen Tag zur Verfügung hat, nimmt am besten den Furkapass (2429 Meter) in Angriff. Er wird auf einem mitunter ziemlich schmalen Bergsträßchen über Realp und Tiefenbach angefahren.

Finale am Rhônegletscher und Grimselpass

Etwas unterhalb der Westseite des Furkapasses wartet mit dem Rhônegletscher einer der Höhepunkte der Rundfahrt. Noch vor 150 Jahren reichte der Eisstrom bis in die Talebene von Gletsch hinab, trotz erheblicher Verluste gehört er mit

heute knapp zehn Kilometern Länge immer noch zu den eindruckvollsten Alpengletschern. Den einfachsten Zugang hat man gegenüber von dem ehrwürdigen Hotel Belvedere, von dem man nach einer Souvenirzeile und dem Kassenhäuschen in wenigen Minuten zu einer jedes Jahr neu in den Gletscher geschlagenen Eisgrotte spazieren kann. Kaum im Talort Gletsch angekommen, geht es bereits wieder hinauf zum Grimselpass, der auf 2164 Metern Höhe liegt. Auf der Passhöhe erinnert der Name des kleinen Totensees an heftige Gefechte zwischen Österreichern und Franzosen im Jahr 1799. Die drei Stauseen an der Nordseite des Passes werden zur Energiegewinnung genutzt, sie sind durch Stollen miteinander verbunden.

Für die Drei-Pässe-Tour braucht es übrigens nicht unbedingt ein eigenes Fahrzeug: Postbusse der Furka-Grimsel-Sustenpass-Linie bedienen die Rundstrecke ab Andermatt täglich von Mitte Juni bis Anfang Oktober – ohne Umsteigen. Längere Fotostopps gibt es auf dem Furka- und dem Grimselpass, während der einstündigen Pause in Meiringen besteht die Möglichkeit einzukehren.

DIE FURKA-DAMPFBAHN

Ursprünglich fuhren die Züge von Andermatt ins Wallis über den Furkapass, im Winter konnte die Strecke über den 2163 m hohen Passübergang allerdings wegen zu viel Schnee und Eis nicht befahren werden. Ein ganzjähriger Schienenbetrieb wurde erst mit dem 1982 eröffneten Furka-Basistunnel möglich. Doch für Nostalgiker blieb die Furka-Bergstrecke erhalten. Vom Bahnhof Realp schnauft während der Sommermonate die Dampflok mehrmals täglich zur Passhöhe hinauf und hinab nach Oberwald im Goms. Hunderte freiwillige Helfer sorgen jedes Jahr dafür, dass pünktlich zum Saisonauftakt Mitte Juni die Trasse schneefrei gemacht wird. Die kobaltblauen Waggons werden von aufbereiteten Original-Dampflokomotiven gezogen. Eines der Highlights an der Bergstrecke ist die berühmte Steffenbachbrücke auf der Urner Talseite. Sie hat einen Klappmechanismus, der es erlaubt, die Brücke vor dem Wintereinbruch abzubauen und vor Lawinen in Sicherheit zu bringen.

WEITERE INFORMATIONEN

Grimselwelt: Postfach 63, 3862 Innertkirchen, Tel. 033-982 26 26, www.grimsel welt.ch

Realp Gemeinde und Tourismus: 6491 Realp, Tel. 041-887 18 68, www.realp.ch

Die Auffahrt mit der Gornergratbahn erlaubt spektakuläre Ansichten vom Matterhorn (oben). Gefällige Alpenarchitektur in Geschinen im Obergoms (Mitte). Im Saastal lädt ein weitläufiges Wegenetz zu ausgedehnten Wanderungen ein (unten). Alpenrosenblüte über dem Aletschwald und der Zunge des Großen Aletschgletschers (rechts).

Wallis

28 Matterhorn – dem Himmel so nah

Faszination und Tragik einer Berglegende

Das Matterhorn ist das Aushängeschild der Alpen schlechthin, und dies obwohl der kantige Bergstock nur die Nummer zehn unter den höchsten Alpengipfeln ist. Zermatt, das Dorf zum Berg, liegt wie eine königliche Loge im obersten Mattertal am Fuß des imposanten Viertausenders und zieht alljährlich ein Millionenpublikum aus der ganzen Welt an.

Von der Zermatter Dorfkirche hat man das Matterhorn im Blick (oben). Auch bei noch so viel Rummel werden in Zermatt Brauchtum und Trachtenumzüge nicht vergessen (unten). Blaue Stunde über dem Weltdorf Zermatt (rechte Seite).

Gut, dass Zermatt sich entschieden hat, keine Autos ins Dorf zu lassen, der Ort würde ansonsten schlichtweg am Verkehrsaufkommen ersticken. Für Autofahrer endet die Straße bereits sechs Kilometer vor dem Skidorf auf einem der riesigen Parkplätze in Täsch. Von dort verkehren Shuttlezüge im 20-Minuten-Takt zum Bahnhof Zermatt. Selbst ohne Privatautos sorgen Elektrokarren, Pferdekutschen und im Winter auch Pferdeschlitten auf den Straßen von Zermatt für Verkehr mehr als genug. Auf die 5600 Einwohner kommen bei voller Auslastung aller Hotelbetten mehr als dreimal so viele Gäste. Alle wollen sie in der »Whymper-Stube« ein Walliser Käsefondue genießen und natürlich den berühmten Berg sehen oder vor dessen Kulisse die Pisten hinabwedeln. Der Solitär steht mit seinen 4478 Metern ein Stück abseits von der Monte-Rosa-Kette, genau diese freistehende Lage lässt den Berg noch imposanter erscheinen. Das Matterhorn ist das unbestritten geografische Wahrzeichen der Schweiz, der Bilderbuchgipfel schafft es nicht nur in je-

den Postkartenständer und jeden Bildband über das Ferienland, in stilisierter Form findet er sich auch als Logo auf so manch typisch Schweizer Marke, etwa der Toblerone-Schokolade. Vom Heliport der Air Zermatt starten Hubschrauber zu atemberaubenden Rundflügen und zum Heliskiing bis in 4000 Meter Höhe hinauf. Die Rettungsstaffel mit neun Helikoptern ist darüber hinaus bei der Bergrettung, bei Waldbränden und Bergrutschen im Einsatz. Schweizer Fernsehzuschauern ist die Arbeit der Helistaffel durch die Doku-Serie »Die Bergretter« bekannt.

Tragische Erstbesteigung

Im 19. Jahrhundert ging eine Ära zu Ende: Der Mensch legte seinen ursprünglichen Respekt und auch die Angst vor den Bergriesen ab und begann systematisch, die Gipfel zu erobern. Das Matterhorn war bald der letzte unbezwungene Alpengipfel. Warum, wird bei seinem Anblick sofort klar. Auf dem Weg hinauf zu der fast gleichschenkligen Gipfelpyramide gibt es kein Hintertürchen,

das Matterhorn ist von allen Seiten so gut wie gleich steil und die Besteigung ist tatsächlich so schwierig, wie sie vom Tal her aussieht. Rund die Hälfte der etwa 6000 Kletterer, die jedes Jahr zum Gipfel hinaufwollen, bricht vorzeitig ab. Die Erstbesteigung gelang nach sieben erfolglosen Anläufen dem Engländer Edward Whymper im Juli 1865. Auf das Gipfelglück folgte die Tragödie beim Abstieg: Vier Mitglieder der siebenköpfigen Seilschaft stürzten ab, unter den Verunglückten war auch ein Lord des englischen Königshauses. Nicht etwa menschliches Versagen, nein, ein gerissenes Hanfseil wurde für den Absturz verantwortlich gemacht. Es wird heute in einer Glasvitrine im Matterhornmuseum neben der Zermatter Kirche ausgestellt. Das Bergdrama fand ein enormes Medienecho. Alle wollten nun den Berg der Berge sehen, und das bis heute abgeschiedene Bergnest Zermatt zu seinen Füßen wurde über Nacht zum weltberühmten Touristendorf und Bergsteigerzentrum.

Der Berg ruft

Dass der Stoff der Erstbesteigung kinotauglich war, lag auf der Hand. Als Stummfilm fand 1928 *Der Kampf ums Matterhorn* seinen Weg in die Filmtheater. Zu einem Kassenschlager avancierte zehn Jahre später der von Luis Trenker produzierte Tonfilm *Der Berg ruft*, in dem Trenker zugleich auch eine der Hauptrollen spielte. Der Einfachheit halber drehte Trenker am benachbarten Riffelhorn, das von der Form her dem Matterhorn ähnelt, jedoch nur knapp 3000 Meter hoch ist. Im Mittelpunkt der nicht ganz den historischen Tatsachen entsprechenden

Story stand der Wettlauf zum Gipfel. Just zur gleichen Zeit als Edward Whymper von der schweizerischen Seite aufstieg, mühte sich an der italienischen Seite des Matterhorns eine zweite Seilschaft unter Führung von Jean-Antoine Carrel den Berg hinauf. Dem Italiener gelang die Besteigung drei Tage nach Whymper. Bei einem erneuten Versuch 25 Jahre später hielt ihn ein Wettersturz tagelang am Matterhorn fest, bis Carrel schließlich beim Abstieg an Erschöpfung starb. Seit 1865 fanden mehr als 500 Bergsteiger am Matterhorn den Tod, ein weltweit trauriger Rekord, der nicht einmal vom Mount Everest übertroffen wird.

Mondscheinfahrt zum Gornergrat

Aus sicherer Distanz lässt sich das Matterhorn von vielen Aussichtswarten rund um Zermatt erleben. Von so mancher Suite in einem der 120 Hotels kann man bereits nach dem Aufwachen einen Blick auf den Berg werfen.
Sehr romantisch zeigt sich das Matterhorn im Abendlicht vom Standort auf der kleinen Matterbrücke, wenn die Sonne die schroffen Flanken des Berges fast schon kitschig mit kräftigen Rottönen einfärbt. Klassisch ist die Auffahrt zum Gornergrat mit der schon 1898 eröffneten Zahnradbahn. Auf dem 3135 Meter hohen Berggrat zwischen dem Gornergletscher und dem Findelgletscher steht man aus allernächster Nähe mit dem Matterhorn auf Tuchfühlung, dazu liegen 28 weitere Viertausender zum Greifen nah, darunter die zugegeben relativ unspektakuläre Dufourspitze, der mit 4633 Metern höchste Schweizer Gipfel. Wer das Matterhorn bei Vollmond erleben will: Die

Die Sonnenterrasse des Kulmhotels garantiert einen Platz in der ersten Reihe (oben). Die Gornergratbahn sorgt für eine bequeme Verbindung zum 3089 m hohen Gornergrat am Fuß des Matterhorns (unten). Das Matterhorn-Museum erzählt von der dramatischen Geschichte um den Viertausender (rechte Seite unten).

Zahnradbahn bietet auch Mondschein-fahrten an. Etwas unterhalb der Aussichtsplattform thront wie ein Schloss seit mehr als 100 Jahren das von den zwei modernen Kuppeln eines Observatoriums flankierte Kulmhotel auf einem Bergrücken. Auf dessen Sonnenterrasse werden Älpler-Makkaroni mit Apfelmus und ein trockener Weißwein aus dem Wallis serviert, auch eine schicke Shoppingmall gehört zu dem komfortablen Haus. Als Arrangement passend zur Mondscheinfahrt offeriert das Kulmhotel ein Starlight Dinner und einen Blick von einem der beiden Observatorien in den Sternenhimmel. Übernachten kann man natürlich auch, angesichts der Höhenlage gestaltet sich die Nachtruhe bei manchen Gästen allerdings mitunter ziemlich unruhig.

Des Matterhorns kleiner Bruder

Wer noch über den Gornergrat hinauswill, fährt von Zermatt aus mit der Gon-delbahn nach Furi, steigt zum Trockenen Steg um, und erreicht von dort mit der Luftseilbahn das Kleine Matterhorn. Von der Gipfelstation führt ein Lift zu einer 3883 Meter über Normalnull gelegenen Aussichtsplattform hinauf – ohne Seil und Steigeisen kommt man in Europa sonst nur zu wenigen Plätzen in solchen Höhenlagen hinauf.

Es soll noch höher hinaufgehen, doch ob die Pläne, das Kleine Matterhorn mit einem 117 Meter hohen Metallarm aufzustocken, tatsächlich verwirklicht werden, bleibt abzuwarten. Von Kritikern wird das ambitionierte Projekt als purer Größenwahn abgetan. Warum es wohl gerade 117 Meter sein sollen?

Was jetzt schon möglich ist: Versierte Skifahrer können sich das Rückfahrticket sparen, indem sie auf dem Theodulgletscher zum Schwarzsee abfahren. Auch mitten im Sommer ist der Gletscher befahrbar.

NEUE MONTE ROSA HÜTTE

Mit ihrer Aluminiumhülle wirkt die 2009 eröffnete Berghütte im Monte-Rosa-Massiv wie von einem anderen Stern. Unter der Regie der Eidgenössischen Technischen Hochschule Zürich entstand dieser Hightech-Kubus, der außer Bergwanderer auch Architekturfans anzieht. Die Hütte versorgt sich zu 90 % mit eigener Energie. Liefern die Fotovoltaikpaneele mal nicht genügend Sonnenkraft, springt das mit Rapsöl betriebene Blockheizkraftwerk im Keller ein. Fünf Stockwerke bieten Platz für 120 Personen, und für eine Berghütte ausgesprochen komfortabel gibt es gar heiße Duschen. Aus ökologischer Sicht einziges Manko: Um das Baumaterial auf die hochalpine Baustelle zu schaffen, waren 3000 Helikopterflüge notwendig. Bergsteiger und versierte Bergwanderer erreichen die 2795 m hoch gelegene Hütte von der Bahnstation Rotenboden aus in gut drei Stunden. Da es ein Stück über den Gornergletscher geht, sind Steigeisen erforderlich. Ein überaus lohnendes Tagesziel!

WEITERE INFORMATIONEN

Neue Monte Rosa Hütte: Tel. 027-967 21 15, www.neuemonterosahuette.ch
Zermatt Tourismus: Bahnhofplatz 5, 3920 Zermatt, Tel. 027-966 81 00, www.zermatt.ch

29 Saas-Fee – ein renommierter Skiort auch für den Sommer

Imposante Gipfelarena inmitten der Walliser Alpen

»Perle der Alpen« wird der bekannte Wintersportort vor der großartigen Kulisse der höchsten Schweizer Gipfel vielfach genannt. Ein gut betuchtes internationales Publikum genießt sichtlich die Atmosphäre in dem eleganten Ferienort. Skifahrer wissen auf dem Fee-Gletscher eines der besten Sommerskigebiete im Alpenraum zu schätzen, Wanderer und Kletterer die vielfältigen Ausflugsmöglichkeiten.

Bei schönem Wetter herrscht am Bergrestaurant »Spielboden« Hochbetrieb (oben). Den Eispavillon des Feegletschers erhellt ein kühles Licht (unten). Im Saas-Feer Hotel »Hohnegg« lädt eine rustikale Stube zum Käsefondue ein (rechte Seite unten).

Vier Ferienorte füllen das schöne Saastal aus. Hauptort ist das 1800 Meter hoch gelegene autofreie Saas-Fee, das, von vielen Neubauten in Beschlag genommen, allerdings nur noch wenig an das verträumte Bergnest von einst erinnert. Etwas mehr Atmosphäre hat Saas-Grund mit seinen alten Chalets und auf Holzpfeilern gebauten Speicherhäusern. Im Heimatmuseum im alten Pfarrhaus neben der Kirche kann man unter anderem etwas über die Geschichte des Tourismus im Saastal erfahren. Auch ist das Arbeitszimmer von Carl Zuckmayer zu besichtigen, der in dem Alpendorf seinen Lebensabend verbrachte und auf dem dortigen Friedhof bestattet ist. Dem durch Werke wie *Der Hauptmann von Köpenick* und *Des Teufels General* bekannt gewordenen Dramatiker ist der Zuckmayer-Weg gewidmet. Er beginnt am Haus Vogelweid, seinem ehemaligen Wohnhaus, und führt über die Bärenfalle zum Café Alpenblick hinauf – dessen aus-

sichtsreiche Terrasse gehörte zu den absoluten Lieblingsplätzen des Dichters. »Nur hier lebe ich ganz« ist eines der viel zitierten Worte über seine Wahlheimat.

Metro Alpin – durch den Fels über die Wolken

Saas-Fees größte Attraktion und zugleich der Zugang zu einem der höchsten Sommerskigebiete der Schweiz ist die unterirdische Standseilbahn zum Mittelallalin. 1984 eröffnet, bringt sie Skifahrer und Ausflügler durch eine 1749 Meter lange Tunnelröhre auf den 3456 Meter hohen Nebengipfel des Allalinhorns hinauf, bei voller Auslastung bis zu 1500 Personen pro Stunde. Das Mittelallalin kann mit gleich zwei Superlativen aufwarten. Zum einen steht dort das höchstgelegene Drehrestaurant der Welt, von dem alle paar Minuten die Silhouette eines anderen Berggipfels bewundert werden kann. Zum anderen kann eine riesige Eisgrotte begangen werden. Es soll keine größere

auf der Welt geben. Der mit fantasievollen Eisskulpturen gefüllte Pavillon gestattet einen Blick in das Innenleben des Fee-Gletschers. Das Phänomen Gletscher wird dabei von verschiedener Seite erfahrbar gemacht, so erhält man beispielsweise eine Antwort auf die Fragen, wie Schnee zu Eis wird und wie so ein gigantischer Eispanzer überhaupt funktionieren kann.

Aussichtspunkte und Gipfelziele

Die Metro Alpin ist sozusagen nur die Spitze des Eisberges in Saas-Fees Gipfelzirkus. Rund um das Tal gibt es lohnende Aussichtswarten in allen Höhenlagen, als Aufstiegshilfen bieten sich mehrere Gondel- und Bergbahnen an. Von der Bergstation Hohsaas, man erreicht sie mit einer Kabinenbahn ab Saas-Grund, erlaubt ein etwa einstündiger Themenweg fulminante Ansichten auf 18 Viertausender, darunter die höchsten Schweizer Gipfel wie die Dufourspitze und den Dom. Dabei erfährt man zugleich etwas über die

Geschichte und Erstbesteigung der Bergriesen. Im besten Licht zeigen sich die Berge am späten Nachmittag. Schade nur, dass die letzte Talfahrt bereits vor Sonnenuntergang wieder abwärts führt. Eine Entdeckung ist auch der Kapellenweg von Saas-Grund nach Saas-Fee. Am Weg liegen 15 zu Anfang des 18. Jahrhunderts errichtete barocke Rosenkranzkapellen. Jede davon ist reichlich mit Holzfiguren ausgestattet. Ziel der an Christi Himmelfahrt begangenen Wallfahrt ist die Kapelle Zur Hohen Stiege im engen Tal der Feevispa.

Sehr reizvoll gestaltet sich eine Fahrt mit dem Postauto zu dem auf 2200 Metern Höhe gelegenen Mattmarkstausee, der auf einem Wanderweg umrundet werden kann. Im Sommer 1965 kam es während des Baus zu einer der größten Katastrophen in der jüngeren Geschichte der Alpen, als bei einem Eisabbruch von dem oberhalb des heutigen Sees gelegenen Allalingletscher 88 Bauarbeiter unter den Eismassen begraben wurden.

AUF EINEN LEICHTEN VIERTAUSENDER

In den Alpen kann es schon die Besteigung eines Dreitausenders in sich haben, ein Viertausender setzt in der Regel alpine Erfahrung, Kondition und eine gute Ausrüstung voraus. Ausnahme ist das Allalinhorn, ein 4027 m hoher Gipfel in den Walliser Alpen, zu dem es nicht viel mehr braucht als gute Bergstiefel und einen schönen Sommertag. Der Normalweg über die Westflanke beginnt an der Station Mittelallalin, die von Saas-Fee aus über das Felskinn von der Metro Alpin mehrmals täglich angefahren wird. Von dort aus sind bis zum Gipfel lediglich 570 Höhenmeter zu bewältigen. Geübte Tourengänger schaffen das in gut zwei Stunden. Ein Spaziergang ist es dennoch nicht, vor allem die kurze Anpassungszeit an die dünne Höhenluft kann Beschwerden hervorrufen. Die breite und gut ausgetretene Trasse hinauf zum Feejoch ist nicht zu verfehlen. Über Spalten helfen kleine Brücken hinweg. Lediglich die letzten Minuten unterhalb des Gipfels werden dann etwas steiler.

WEITERE INFORMATIONEN

Saas-Fee Tourismus: 3906 Saas-Fee, Tel. 027-958 18 58, Mo–Sa 8.30–12, 14–17.30 Uhr, www.saas-fee.ch

Die Wanderregion am Aletsch ist mit Bergbahnen sehr gut erschlossen (oben). Für eine Gletscherwanderung muss man sich einer fachkundigen Führung anvertrauen (unten). Am Bettmerhorn ist man nah über dem Großen Aletschgletscher (rechte Seite oben). Der Märjelensee läuft nach der Schneeschmelze regelmäßig aus (rechte Seite unten).

30 Großer Aletschgletscher – Weltnaturerbe der UNESCO

Exkursionen am längsten Eisstrom der Alpen

Es braucht nicht unbedingt die Sicht von einem Flugzeug, um den dominanten Eisstrom des Großen Aletschgletschers in seiner ganzen Größe zu überblicken. An den Rändern gibt es für Ausflügler und Bergwanderer genügend Logenplätze, die das imposante Naturwunder erlebbar machen. Bester Ausgangspunkt für Touren in das Weltnaturerbe ist die Ferienregion zwischen Bettmeralp und Riederalp.

Die ausgedehnten Schneefelder der Jungfrauregion im Berner Oberland sind sozusagen die Kinderstube des Großen Aletsch. Am Konkordiaplatz treffen drei riesige Firnfelder zusammen, der Eispanzer dort ist über 900 Meter dick. Mit einer Fließgeschwindigkeit von 180 Metern pro Jahr schieben sich die Eismassen als breite Gletscherstraße in den Kanton Wallis hinein. Markenzeichen des Gletschers sind zwei dunkle Moränenspuren, die quasi als Mittelstreifen im Eis den Weg bis zur Gletscherzunge mitwandern. Dort speist das Schmelzwasser die Massa, die ihre Fracht schließlich in die Rhône entlässt. 2001 wurde der Große Aletsch zusammen mit dem Aletschwald und den Südhängen des Bietschhorns als bislang einziges Naturwunder in den Alpen zum UNESCO-Welterbe ernannt.

Ein sensibles Ökosystem

Gletscher sind ein Spiegelbild unseres Klimas. In kalten Jahren legen sie zu, in warmen tauen sie ab. Die Tragik von heute – das Eis schmilzt schneller ab als es sich nachbildet. Angesichts der schieren Eismassen passiert das zwar nicht von heute auf morgen, doch es passiert eben. Nach dem Mittelalter durchlebte Europa eine längere »kleine Eiszeit«. Das relativ kalte Klima hielt etwa bis Mitte des 19. Jahrhunderts an. Während dieser Zeit wuchs der Aletschgletscher genauso wie der benachbarte Fieschergletscher so stark an, dass sich die Einwohner von Fiesch ernsthafte Sorgen um ihren Lebensraum machten und schließlich an höherer Stelle um Hilfe vorsprachen. Im Jahr 1678 wurde beim damaligen Papst Innozenz XI. ein Gelübde abgelegt, eine alljährliche Bittprozession auszurichten, damit der Gletscher nicht mehr weiter wachse. 2009 schickten die Fiescher Bürger erneut eine Abordnung nach Rom, dieses Mal ging es darum, das Abschmelzen zu stoppen. Nicht nur in den Alpen, überall auf der Welt hat das Gletscher-

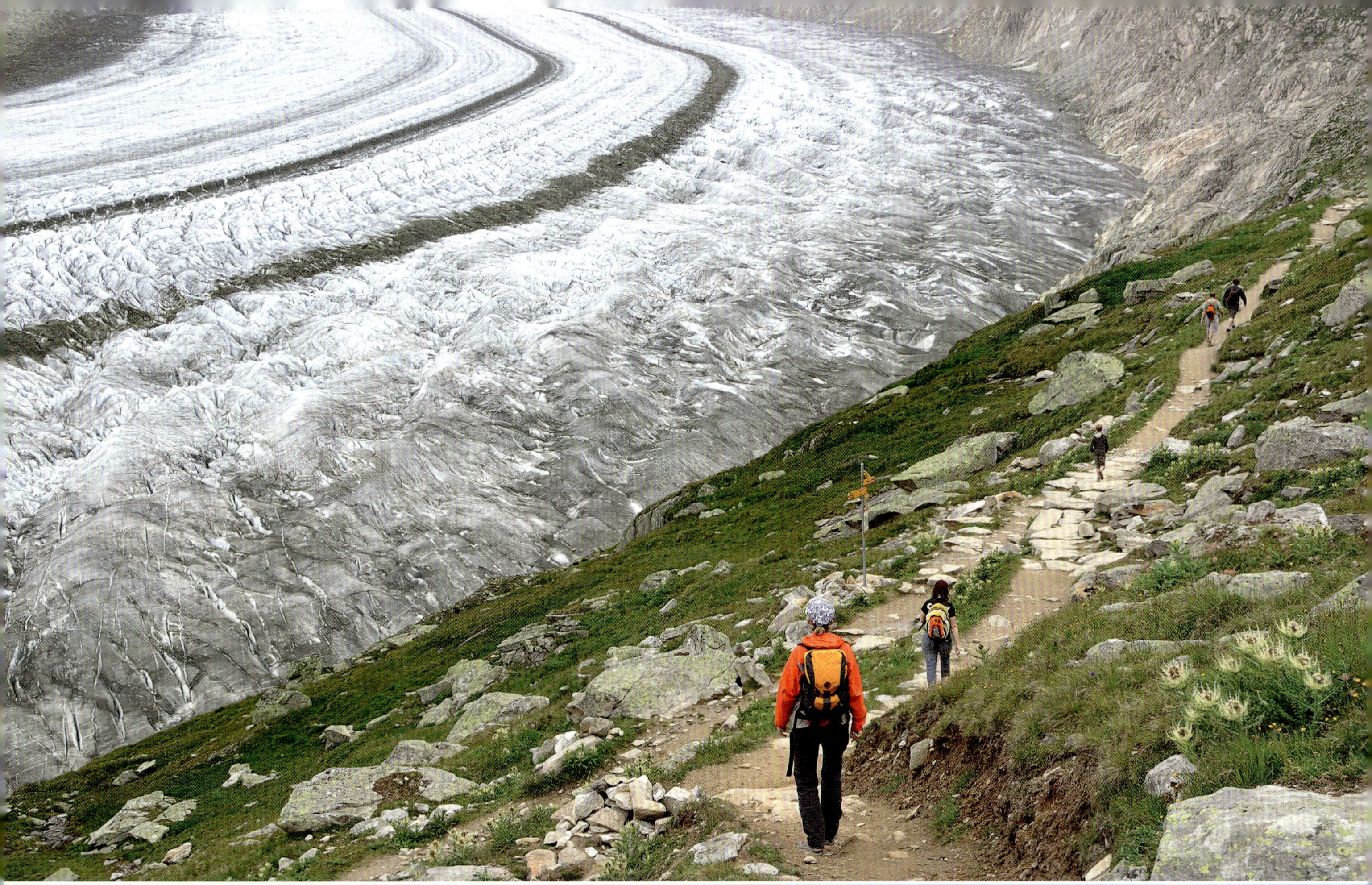

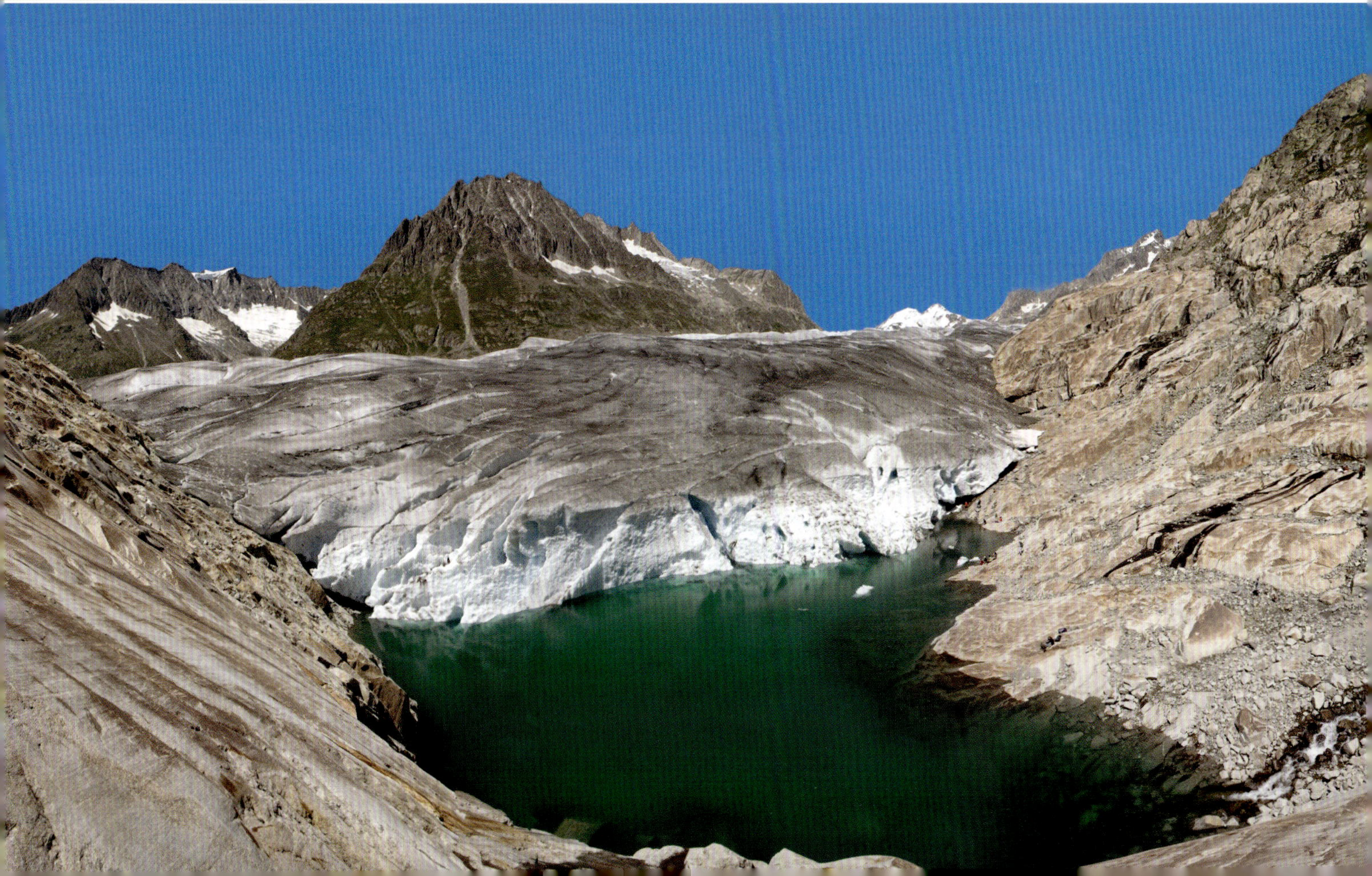

Vom Bettmerhorn schweift der Blick über einen kleinen Gletschersee hinüber zu Fusshorn (3627 m) und Geisshorn (3740 m; oben). Bei der Villa Cassel laden reizvolle Wege zu Spaziergängen ein (Mitte). Gletscherspalten und Moränen sorgen für eine bizarre Naturlandschaft (unten). Abenteuerlich: die Hängebrücke über die Massaschlucht (rechte Seite unten).

sterben eine neue Dimension erreicht. Beunruhigend ist vor allem die Geschwindigkeit, mit der sich die Gletscher zurückbilden. Im Wallis stieg in den letzten 100 Jahren die mittlere Jahrestemperatur um ein Grad. Wenn die Klimaerwärmung weiterhin so rasant verläuft, wird es Ende des 21. Jahrhunderts keine Alpengletscher mehr geben. Verglichen mit vor 150 Jahren ist der Aletschgletscher heute drei Kilometer kürzer, pro Jahr zieht er sich bis zu 75 Meter zurück.

Höhenwege der Extraklasse

Trotz des Schwunds an Masse ist die vom Gletscher ausgehende Faszination ungebrochen. Wer den Großen Aletsch hautnah erleben möchte, braucht Wanderschuhe. Eine attraktive Tagestour garantiert der UNESCO-Höhenweg zum Eggishorn, Ausgangspunkt dafür ist die Bergstation der Gondelbahn Bettmerhorn. Die dreistündige Wanderung erlaubt nicht nur imposante Ausblicke auf den Eisstrom, vor der Kulisse der Walliser Alpen sind auch Tiefsichten hinab ins Rhônetal möglich. Geübten Tourengängern wird der teils mit Steighilfen ausgebaute Gratweg keine technischen Schwierigkeiten bereiten, trittsicher und schwindelfrei sollte man allerdings sein. Vom Wanderziel auf dem fast 3000 Meter hohen Eggishorn lassen sich 23 Kilometer Eis am Stück überschauen. Praktischerweise gibt es dort eine Luftseilbahn, sodass man wieder bequem ins Tal hinabkommt. Man verpasst dann allerdings den spannenden Abstieg zum Märjelensee, auf dem bis in den Sommer hinein Eisschollen treiben können. Sehr interessant ist auch der 2008 eröffnete Wanderweg ab dem Hotel Belalp nach Riederfurka. Für

etwas Nervenkitzel sorgt dabei eine 124 Meter lange Hängebrücke über die Massaschlucht. Doch es geht auch ganz gemütlich – kinderwagentauglich ist der Panoramaweg von Riederalp nach Bettmeralp, den Aletsch sieht man von dort allerdings nicht. In der weitgehend autofreien Ferienregion erlauben die Liftanlagen der Aletsch-Arena vielfältige Kombinationsmöglichkeiten, für mehrtägige Wanderferien bietet sich ein Wanderpass an. Auch auf dem Gletscher selbst wird gewandert. Hier sollte man sich allerdings unbedingt einer ortskundigen Führung anvertrauen. Startpunkt ist in der Regel die Bergstation der Zahnradbahn auf dem Jungfraujoch. Mit einem Seil abgesichert wandert man von dort direkt auf dem Eis, fühlt sich dabei wie in Grönland und steigt am Konkordiaplatz auf einer steilen Leiter zur Konkordiahütte auf. Gut ausgeruht erfolgt tags darauf dann der lange Abstieg zur Fiescheralp – ein schlichtweg grandioses Erlebnis!

Die Zirbelkiefern im Aletschwald

Im Umfeld des Gletschers fühlen sich Pflanzenkundler fast wie in einem botanischen Versuchslabor: An den Rändern des Eisstromes hat sich eine außergewöhnliche Alpenflora breitgemacht. Moose und Wollgräser setzen Akzente, zur Blütezeit Ende Juni überziehen Alpenrosen die Hänge mit einem roten Teppich. Selbst auf noch so unwirtlichen Moränenfeldern, gerade mal einen Steinwurf vom Eis entfernt, finden robuste Pionierpflanzen genügend Lebensraum, darunter etliche Steinbrecharten, die zwar nicht wie früher angenommen einen Fels sprengen können, doch bestens auf dem felsigen Untergrund zurecht-

kommen und diesen mit satten Polsterkissen überziehen. Zusammen mit anderen Pioniergewächsen sind sie die Vorboten einer späteren Bewaldung. Unterhalb der Gletscherzunge bedeckt heute ein prächtiger Waldgürtel die felsigen Hänge. Im Aletschwald stehen einige der ältesten Bäume der Schweiz. Neben Lärchen wächst hier als wichtigste Art die auch als Zirbelkiefer bekannte Arve. Um groß zu werden, braucht sie viel Zeit, kann dafür jedoch bis zu 800 Jahre alt werden. Der Aletschwald ist zudem Lebensraum für Rotwild, Füchse und Schneehasen, auch Birkhühner und der Tannenhäher können entdeckt werden, denen die Nüsschen der Zirbelkiefer im Winter das Überleben sichern.

Die Villa des englischen Bankiers

Auf der Riederfurka informiert in der Villa Cassel das Naturschutzzentrum Pro Natura über die nachhaltige Nutzung des Weltnaturerbes, bietet umweltpädagogische Kurse an und organisiert Exkursionen im Gebiet. Im Frühsommer ist der Erlebnispfad durch den zugehörigen Alpengarten eine Augenweide. Die viktorianische Fachwerkvilla selbst mag auf den ersten Blick etwas deplatziert in der Berglandschaft stehen. Sie wurde 1900 als Sommerresidenz für den Engländer Ernest Cassel errichtet. Der Bankier kam auf Anraten seines Hausarztes auf die Riederfurka. Seine erste Unterkunft ließ damals wohl zu wünschen übrig, sodass er kurzerhand eine eigene Villa mit 25 Zimmern bauen ließ. Nach Cassels Tod wurde das Gebäude zum Hotel umgebaut, in dem unter anderem Winston Churchill sich von seinen Amtsgeschäften erholte und zufrieden nach England schrieb: »Ich schlafe hier wie ein Murmeltier«.

DEMONSTRATION VON REICHTUM

Brig profitierte als Hauptort im Oberwallis sichtlich von seiner günstigen Lage am Fuß des Simplonpasses, über den seit alters her einer der wichtigsten Handelswege nach Italien verlief. Im 17. Jh. kam dadurch auch der umtriebige Kaufmann und Politiker Kaspar Jodok Stockalper zu Wohlstand. Aus einem übersteigerten Repräsentationsbedürfnis heraus ließ er mitten in Brig einen Palast erbauen, der sich in dem engen Flusstal durch seine monumentale Architektur bis heute wie ein Fremdkörper ausnimmt. Das Schloss, einer der größten privaten Barockbauten der Schweiz, wird von drei wuchtigen Türmen dominiert, mit ihren vergoldeten Zwiebelhauben die Wahrzeichen der Stadt. Seit 1948 gehört das Stockalperschloss der Gemeinde. Diese nutzte die Räumlichkeiten um den dreistöckigen Arkadenhof zunächst als Rathaus. Ein Teil des Palasts und der Schlossgarten sind als Museum zugänglich.

WEITERE INFORMATIONEN

Brig Belalp Tourismus: Bahnhofplatz 1, 3900 Brig, Tel. 027-921 60 30, Mo–Fr 8.30–12, 13.30–18 Uhr, 1. Juli–15. Sept. Sa 9–13 Uhr, www.brig-belalp.ch
Stockalperpalast mit Museum: Alte Simplonstr. 28, 3900 Brig, Tel. 027-921 60 30, Mai–Okt. Di–So, www.stockalperpalast.com

32 Großer St. Bernhard – Spürhunde im Einsatz

Ein Passübergang mit skurrilen Geschichten

Der Pass zwischen der Schweiz und Italien verbindet das Rhônetal im Kanton Wallis mit dem Aostatal auf der Alpensüdseite. Berühmtheit erlangte der Große St. Bernhard wegen der dort gezüchteten Bernhardiner, die lange Zeit als Lawinenhunde eingesetzt wurden. Barry I., die bekannteste Spürnase, wurde bereits zu Lebzeiten zur Legende. Ob er wohl tatsächlich ein kleines Schnapsfässchen am Halsband getragen hatte?

Die Anfänge des christlichen Hospizes auf dem Großen St. Bernhard reichen bis ins Mittelalter zurück (oben). Eine Statue auf der Passhöhe ehrt den Bischof Bernhard von Menthon, von dem der Pass seinen Namen hat (unten). Das Schmelzwasser am Großen St. Bernhard sammelt sich in einem großen Pass-See (rechte Seite unten).

Benannt ist der 2469 Meter hohe Alpenübergang nach Bischof Bernhard von Menthon aus Aosta, der um 1049 auf dem Pass ein christliches Hospiz errichten ließ, damit die vielen Pilger auf dem Weg nach Rom einen sicheren Zwischenstopp einlegen konnten.
Mit der Eröffnung der Bahntunnel durch den St. Gotthard und den Simplon verlor im 19. Jahrhundert der St. Bernhard fast über Nacht seine Bedeutung als Transitweg. Seit dem Jahr 1964, seitdem ein sechs Kilometer langer Tunnel den Berg durchsticht, wird die alte Passstraße vornehmlich von Ausflüglern, Wanderern und Hundeliebhabern benutzt, die den berühmten Bernhardinern ihre Aufwartung machen wollen.

Prominente Passgänger

In der Antike war der Große St. Bernhard einer der wichtigsten Alpenpässe. Im ersten Jahrhundert v. Chr. zogen die Legionäre von Julius Cäsar vom Piemont über den Pass ins Rhônetal hinab und von dort weiter zu ihren Eroberungen nördlich der Alpen.
Auch Karl der Große trat nach seiner Kaiserkrönung durch Papst Leo III. von Rom aus den Rückweg über den Großen St. Bernhard an. Im Mai des Jahres 1800 zog Napoleon Bonaparte mit etwa 40 000 Mann über den Pass. Der Historienmaler Jacques-Louis David hielt die Szene in einem monumentalen Gemälde fest, wie der kleine Korse hoch zu Ross auf einem wilden Hengst die Passhöhe überschreitet, im Hintergrund ziehen seine Männer die schweren Geschütze den steilen Saumpfad hinauf. Die Mönche des Hospizes versorgten die französischen Soldaten mit Wein, Käse und Fleisch. Napoleon zahlte die Hälfte an, der Rest der offenen Rechnung wurde erst im Jahr 1984 unter dem französischen Präsidenten Mitterrand beglichen.

kommen und diesen mit satten Polsterkissen überziehen. Zusammen mit anderen Pioniergewächsen sind sie die Vorboten einer späteren Bewaldung. Unterhalb der Gletscherzunge bedeckt heute ein prächtiger Waldgürtel die felsigen Hänge. Im Aletschwald stehen einige der ältesten Bäume der Schweiz. Neben Lärchen wächst hier als wichtigste Art die auch als Zirbelkiefer bekannte Arve. Um groß zu werden, braucht sie viel Zeit, kann dafür jedoch bis zu 800 Jahre alt werden. Der Aletschwald ist zudem Lebensraum für Rotwild, Füchse und Schneehasen, auch Birkhühner und der Tannenhäher können entdeckt werden, denen die Nüsschen der Zirbelkiefer im Winter das Überleben sichern.

Die Villa des englischen Bankiers

Auf der Riederfurka informiert in der Villa Cassel das Naturschutzzentrum Pro Natura über die nachhaltige Nutzung des Weltnaturerbes, bietet umweltpädagogische Kurse an und organisiert Exkursionen im Gebiet. Im Frühsommer ist der Erlebnispfad durch den zugehörigen Alpengarten eine Augenweide. Die viktorianische Fachwerkvilla selbst mag auf den ersten Blick etwas deplatziert in der Berglandschaft stehen. Sie wurde 1900 als Sommerresidenz für den Engländer Ernest Cassel errichtet. Der Bankier kam auf Anraten seines Hausarztes auf die Riederfurka. Seine erste Unterkunft ließ damals wohl zu wünschen übrig, sodass er kurzerhand eine eigene Villa mit 25 Zimmern bauen ließ. Nach Cassels Tod wurde das Gebäude zum Hotel umgebaut, in dem unter anderem Winston Churchill sich von seinen Amtsgeschäften erholte und zufrieden nach England schrieb: »Ich schlafe hier wie ein Murmeltier«.

31 Glacier Express – der langsamste Schnellzug der Welt

Panoramareich über den Hauptkamm der Alpen

Wie eine Spielzeugeisenbahn zuckeln die knallrot lackierten Waggons des vielleicht berühmtesten Panoramazuges der Welt durch die alpine Bilderbuchlandschaft der Kantone Engadin, Uri, Graubünden und Wallis. Auf der Strecke wechseln sich grüne Matten mit kargen Bergregionen ab, auf unzähligen Brücken werden Wildbäche und Täler gequert, Tunnel durchstechen Bergrücken und Felsmassive, und dazu will noch ein über 2000 Meter hoher Pass überwunden werden.

Viadukte, hier bei Sedrun im Vorderrheintal, machen es dem Glacier Express so bequem wie möglich (oben). Im Panoramawaggon erlauben großzügige Fensterfronten Ausblicke in alle Richtungen (unten). Der Glacier Express unterwegs zwischen den Kantonen Graubünden und Uri (rechte Seite unten).

Die Schweiz ist zwar ein Eisenbahnland, doch ein notwendiges Verkehrsmittel ist der Glacier Express nicht. Kaum ein St. Moritzer würde heute auf die Idee kommen, die lange Zugfahrt auf sich zu nehmen, schon gar nicht nach Zermatt. Der Panoramazug über den Hauptkamm der Alpen ist vielmehr für das große Publikum aus der ganzen Welt gedacht. Touristen sind weitgehend unter sich, und so mancher Waggon ist komplett mit einer Reisegruppe aus Fernost besetzt. Wie in einem Film lassen die Fahrgäste die großartige Landschaft an sich vorbeifließen. Auch die Trasse selbst ist eine Attraktion, sie gilt zu Recht als eine technische Glanzleistung.

Die Entdeckung der Langsamkeit

Fast acht Stunden für knapp 300 Kilometer! In unserer schnelllebigen Zeit, in der anderenorts für ein paar Minuten Fahrzeitverkürzung Berge versetzt wer-

den, muss das erst mal jemand nachmachen. Doch ungeachtet der recht opulenten Fahrtzeit ist der Glacier Express auch mehr als 80 Jahre nach seiner Jungfernfahrt am 25. Juni 1930 ein touristisches Erfolgsmodell, vielleicht gerade deswegen, weil es bei ihm eben nicht auf ein paar Minuten ankommt. Da stört es selbst nicht, wenn draußen vor den Panoramafenstern ein Schneesturm tobt, denn nach dem nächsten Tunnel im nächsten Tal kann schon wieder alles anders aussehen. Und Krise hin, Krise her, am Glacier Express ist sie schlichtweg vorbeigerauscht – die Plätze sind fast immer so gut wie ausgebucht.

Von St. Moritz nach Zermatt

Punkt 9.15 Uhr verlässt der Zug jeden Vormittag den Bahnhof von St. Moritz. Gemächlich nimmt er Fahrt auf, viel schneller als 40 Stundenkilometer wird er allerdings auf der ganzen Strecke bis Zer-

matt nicht beschleunigen. Vor Samedan zeigt sich im Südosten kurz die vergletscherte Berninagruppe, kaum ist das Inntal verlassen, geht es dann durch den ersten Tunnel, 90 weitere werden folgen. Zwischen Preda und Bergün verliert die Trasse auf vier Kilometer Luftlinie gut 400 Höhenmeter, was auf der kurzen Distanz nur dadurch möglich wurde, indem man mit teils aus dem Fels gesprengten Kehren die Trassenlänge fast verdreifachte. Bei dem ständigen Richtungswechsel ist es gar nicht so einfach, die Orientierung beizubehalten. Wer will, kann in Preda die Fahrt unterbrechen und auf dem bahnhistorischen Lehrpfad in knapp drei Stunden zum Bahnhof Bergün wandern, dabei ergeben sich ganz neue Blickperspektiven auf die Bahnstrecke.

Nostalgisch speisen im »Gourmino«

Spätestens im Vorderrheintal wird im nussholzgetäfelten Speisewagen frische Schweizer Küche mit regionalen Produkten serviert. Da die Sitzplatzkapazität be-

grenzt ist, isst man im »Gourmino« in Schichten. Legendär ist die artistische Einlage der Kellner, die nach dem Essen den Grappa aus gut 60 Zentimetern Höhe in die Schnapsgläser fließen lassen. Gemächlich zuckelt die Schmalspurbahn an der barocken Benediktinerabtei von Disentis vorbei, der folgende Anstieg zum 2033 Meter hohen Oberalppass wird mithilfe einer Zahnradstange geschafft. Nachdem Andermatt passiert ist, öffnet der 15 Kilometer lange Furka-Basistunnel den Weg ins obere Rhônetal. Goms nennen es die Walliser, ein Tal, das durch hübsche Dörfer mit alten Holzhäusern auf sich aufmerksam macht – schade, dass hier der Expresszug keine Zeit für einen Stopp hat. Zum krönenden Finale geht es schließlich durch das Mattertal. Fast alle Fahrgäste reißt es nun von den Sitzen, um die ersten Bilder vom Matterhorn einzufangen. Am Bahnhof von Zermatt warten schon Elektrotaxis. Schnell werden die Passagiere samt Rollkoffern in die Hotels zur verdienten Ruhe gefahren.

GOMS – IM TAL DER JUNGEN RHÔNE

Vier Zugpaare des Glacier Express zuckeln jeden Tag durch das Goms, doch nur zwei der acht Züge halten an. Gut, dass es noch eine Regionalbahn gibt, die jeden Ort in der malerischen Talschaft anfährt. Wanderer können so auf dem Gommer Höhenweg hoch über dem Talgrund der jungen Rhône durch stille Lärchenwälder wandern, um dann vom nächsten Bahnhof bequem ins Ferienchalet zurückzufahren. Im Goms sind die Spuren der Walser allgegenwärtig, die vor etwa 1000 Jahren das Tal besiedelten und dem Kanton seinen Namen gaben. Bei einem Spaziergang durch die mit ihren verwitterten Holzhäusern archaisch anmutenden Dörfer fühlt man sich in eine andere Zeit versetzt, etwa im Musikdorf Ernen, in dem am Tellenhaus die ältesten Tell-Fresken der Schweiz zu sehen sind und das sich in den letzten Jahren durch ein renommiertes Klassikfestival einen Namen gemacht hat.

WEITERE INFORMATIONEN

Musikdorf Ernen: Postfach 28, 3995 Ernen, Tel. 027-971 10 99 , www.musikdorf.ch
Railcenter Matterhorn Gotthard Bahn: Bahnhofplatz 7, 3900 Brig, Tel. 027-927 70 00, www.glacierexpress.ch

32 Großer St. Bernhard – Spürhunde im Einsatz

Ein Passübergang mit skurrilen Geschichten

Der Pass zwischen der Schweiz und Italien verbindet das Rhônetal im Kanton Wallis mit dem Aostatal auf der Alpensüdseite. Berühmtheit erlangte der Große St. Bernhard wegen der dort gezüchteten Bernhardiner, die lange Zeit als Lawinenhunde eingesetzt wurden. Barry I., die bekannteste Spürnase, wurde bereits zu Lebzeiten zur Legende. Ob er wohl tatsächlich ein kleines Schnapsfässchen am Halsband getragen hatte?

Die Anfänge des christlichen Hospizes auf dem Großen St. Bernhard reichen bis ins Mittelalter zurück (oben). Eine Statue auf der Passhöhe ehrt den Bischof Bernhard von Menthon, von dem der Pass seinen Namen hat (unten). Das Schmelzwasser am Großen St. Bernhard sammelt sich in einem großen Pass-See (rechte Seite unten).

Benannt ist der 2469 Meter hohe Alpenübergang nach Bischof Bernhard von Menthon aus Aosta, der um 1049 auf dem Pass ein christliches Hospiz errichten ließ, damit die vielen Pilger auf dem Weg nach Rom einen sicheren Zwischenstopp einlegen konnten.

Mit der Eröffnung der Bahntunnel durch den St. Gotthard und den Simplon verlor im 19. Jahrhundert der St. Bernhard fast über Nacht seine Bedeutung als Transitweg. Seit dem Jahr 1964, seitdem ein sechs Kilometer langer Tunnel den Berg durchsticht, wird die alte Passstraße vornehmlich von Ausflüglern, Wanderern und Hundeliebhabern benutzt, die den berühmten Bernhardinern ihre Aufwartung machen wollen.

Prominente Passgänger

In der Antike war der Große St. Bernhard einer der wichtigsten Alpenpässe. Im ersten Jahrhundert v. Chr. zogen die Legionäre von Julius Cäsar vom Piemont über den Pass ins Rhônetal hinab und von dort weiter zu ihren Eroberungen nördlich der Alpen.

Auch Karl der Große trat nach seiner Kaiserkrönung durch Papst Leo III. von Rom aus den Rückweg über den Großen St. Bernhard an. Im Mai des Jahres 1800 zog Napoleon Bonaparte mit etwa 40 000 Mann über den Pass. Der Historienmaler Jacques-Louis David hielt die Szene in einem monumentalen Gemälde fest, wie der kleine Korse hoch zu Ross auf einem wilden Hengst die Passhöhe überschreitet, im Hintergrund ziehen seine Männer die schweren Geschütze den steilen Saumpfad hinauf. Die Mönche des Hospizes versorgten die französischen Soldaten mit Wein, Käse und Fleisch. Napoleon zahlte die Hälfte an, der Rest der offenen Rechnung wurde erst im Jahr 1984 unter dem französischen Präsidenten Mitterrand beglichen.

Mythos Barry

Die ersten Bernhardinerhunde im Hospiz am St. Bernhard gab es bereits um 1700. Der Legende nach sollen sie dort zunächst als Küchenhilfe eingesetzt worden sein. Den erfinderischen Augustinermönchen wird nachgesagt, dass sie die Hunde in ein Laufrad stellten, mit dem die Fleischspieße über dem Grill gedreht wurden. Doch schon bald nutzte man die Hunde, um verunglückte Pilger unter Schneelawinen aufzuspüren. Das Hospiz betrieb auf dem Pass eine Zuchtstation, deren Nachwuchs auch in anderen Teilen der Schweiz zum Einsatz kam. Zu Weltruhm brachte es Barry I.: In seiner aktiven Zeit von 1800 bis 1812 soll er mehr als 40 Menschenleben gerettet haben. Nach dem Ende seiner Laufbahn verbrachte Barry I. noch zwei verdiente Jahre im Ruhestand, bis er im für einen Bernhardiner ausgesprochen betagten Alter von 14 Jahren schließlich eines natürlichen Todes verstarb. Ausgestopft ist er heute im Naturhistorischen Museum Bern zu bewundern. Viele der jüngeren Besucher kommen ausschließlich wegen ihm, er steht an prominenter Stelle gleich im Eingang. Zu Barrys 200. Geburtstag erschien eine 92-seitige Hommage, die detailliert mit dem Lebenswerk des Hundes bekannt macht. Das Buch kann am Hospizkiosk auf der Passhöhe erstanden werden. Dort gibt es neben 280-teiligen Barry-Puzzles auch Plüschbarrys in allen Größen und Preislagen sowie Postwertzeichen. 85 Länder widmeten Barry bislang eine Briefmarke.

Neue Trends

Als Spürhunde haben Bernhardiner schon lange ausgedient. Ihre Aufgabe übernahmen Lawinensuchgeräte und andere Rassen wie Schäferhunde, Labradors und Retriever. Diese sind wendiger und nehmen im Rettungshubschrauber auch weniger Platz und Gewicht weg als die bis zu 100 Kilogramm schweren Bernhardiner. Zur Freude der Touristen gibt es jedoch auf der Passhöhe die seit 2005 von einer Stiftung betreuten Bernhardiner nach wie vor – allerdings nur in den Sommermonaten, wenn die Passstraße geöffnet ist. Die kalten Wintertage verbringen die Hunde dann lieber unten im Tal in Martigny.

MARTIGNYS MUSEUMSMEILE

Martigny im französischsprachigen Unterwallis macht neben seiner römischen Vergangenheit durch Kultur auf sich aufmerksam. Gleich neben dem römischen Amphitheater ist Barry und seinen Freunden das Bernhardinerhundemuseum gewidmet, das auch mit echten Hunden aufwarten kann. Ein Museum von ganz anderem Format ist die Fondation Gianadda. Ihre Wechselausstellungen, etwa zu van Gogh, Picasso und Monet, ziehen ein kunstaffines Publikum auch von weiter an. Im zugehörigen Skulpturenpark sind Arbeiten der bekanntesten zeitgenössischen Bildhauer zu sehen, und eine archäologische Sammlung zeigt Funde von einem 1976 neben dem Museum entdeckten keltisch-römischen Siedlungsgelände. Ebenfalls zum Komplex gehört ein Automobilmuseum, in dem man rund 50 Oldtimer bewundern kann, darunter ein Silver Ghost von Rolls-Royce.

WEITERE INFORMATIONEN

Fondation Pierre Gianadda: Rue du Forum 59, 1920 Martigny, Tel. 027-722 39 78, tgl. Juni–Okt. 9–19 Uhr, Nov.–Mai 10–18 Uhr, www.gianadda.ch
Musée et Chiens du Saint-Bernard: Route du Levant 34, 1920 Martigny, Tel. 027-720 49 20, tgl. 10–18 Uhr, www.musee-saint-bernard.ch

Almen und Alpen gehören einfach zusammen (oben). Solide mit Schiefer gedeckte Walser-Häuser prägen das Ortsbild von Vals (Mitte). In der Rofflaschlucht stürzen Wasserfälle die Steilabbrüche hinab (unten). Der Wander- und Skiort Flims hat sich auf einer Hangterrasse am Fuß des Flimser Steins breitgemacht (rechte Seite).

Graubünden

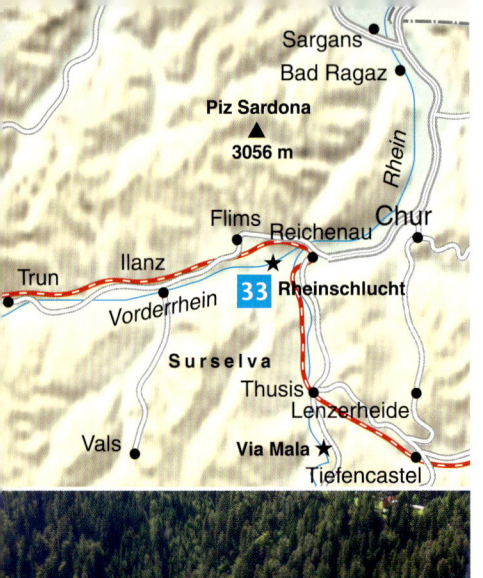

33 Rheinschlucht – Swiss Grand Canyon

Spektakuläre Schlucht für Bahnfahrer, Wanderer und Kanuten

Der große europäische Strom fängt ganz klein im Gotthardmassiv an. Auf seiner langen Reise in die Nordsee hielt ihn einst ein vorgeschichtlicher Bergsturz auf. Doch bravourös meisterte der Fluss das Hindernis, indem er sich einen imposanten Canyon durch die Kalkmassen grub. Ruinaulta heißt die Rheinschlucht auf Rätoromanisch, touristisch vermarktet wird sie als Swiss Grand Canyon.

Von der Aussichtsplattform Il Spir in Conn zeigt sich die Flussschleife Chrummweg wie aus der Vogelperspektive (oben und rechte Seite oben). Der Flimser Stein war vor 10 000 Jahren Schauplatz des größten Bergsturzes in den Alpen, heute liegt auf der Bergterrasse der Ferienort Flims (rechte Seite unten).

Das Naturdenkmal ist nicht nur aus geologischer Sicht interessant, es ist zugleich Lebensraum für viele seltene Tier- und Pflanzenarten. Die Hänge überzieht ein von Erika durchmischter Föhrenwald, den es in dieser Kombination in der Schweiz ansonsten nur selten gibt. In der Krautschicht blühen im Mai Frauenschuh und Alpenblumen, auf den Kiesbänken kann man Flussregenpfeifer und Flussläufer beobachten.

Flimser Bergsturz

Von einer der vielen Aussichtsterrassen an den Südhängen des Vorderrheins wird dem geschulten Auge sofort klar, was den Fluss dazu zwang, sich einen tiefen Canyon durch das Tal zu fräsen. Vor etwa 10 000 Jahren ereignete sich am gegenüberliegenden Flimser Stein ein gewaltiger Bergsturz, dessen Abbruchwand noch heute gut auszumachen ist. Dass immer wieder mal Teile von einem Berg abbrechen, ist in den Alpen normal, die Dimension des Flimser Bergsturzes blieb bis heute allerdings einzigartig. Wissen-

schaftler rechneten aus, dass rund 10 000 Millionen Kubikmeter Fels abbrachen. Die Schuttmasse füllte den immerhin anderthalb Kilometer breiten Talgrund des Vorderrheins um etwa 750 Höhenmeter auf. Hinter dem so entstandenen Sperrriegel staute sich das Wasser des Vorderrheins zu einem 25 Kilometer langen See auf, bis sich ein Überlauf bildete, aus dem schließlich eine im Lauf der Jahrtausende tief ausgewaschene Schlucht entstand. Heute beläuft sich die Länge der Schlucht auf 13 Kilometer, an manchen Stellen ragen fast bis zu 400 Meter hohe Wände empor. Die Rheinschlucht hat Platz genug, um neben dem Fluss eine Straße, eine Bahntrasse und einen Wanderweg aufzunehmen. Dem Besucher bleibt also die Wahl der Fortbewegung selbst überlassen, auf welche Art und Weise und aus welcher Perspektive er das Naturwunder erleben möchte. Hautnah gestaltet sich eine Kanu- oder Kajaktour, wie sie beispielsweise von der Kanuschule Versam durch die Schlucht angeboten wird.

Trotz so mancher Stromschnelle eignet sich das Rafting-Abenteuer an der Seite erfahrener Guides auch für Einsteiger. Hingegen gibt es auch ruhigere Abschnitte zum Genießen. Die Ausrüstung, angefangen vom Neoprenanzug bis zum Helm, wird gestellt.

Die Schlucht aus der Vogelperspektive

Weitaus ruhiger gestaltet sich eine Wanderung in oder über der Rheinschlucht. Wer sich einen ganzen Tag Zeit nehmen will, startet in Flims und wandert zunächst durch den Flimser Wald nach Conn. Der Weg führt am oberen Rand der Schlucht entlang, wobei diese selbst zunächst verborgen bleibt. Das ändert sich spätestens an der jüngst angelegten Aussichtsplattform »Il Spir« (romanisch: Mauersegler). Von dem leicht über der Kante hängenden Stahlgerüst zeigt sich die Rheinschlucht in ihrer ganzen Größe. Tief unten windet sich der Vorderrhein in Schleifen durch die Schuttmassen des vorgeschichtlichen Bergsturzes. Schön auszumachen ist die von Stromschnellen umtoste Flussschleife Chrummweg, an der alle paar Stunden die roten Waggons der Rhätischen Bahn wie durch eine Miniaturlandschaft fahren und auf einer Eisenbahnbrücke den Fluss queren. Genau dort erreicht der Wanderweg nach steilem Abstieg die Schlucht. Der Weg läuft dann parallel zur Bahntrasse unmittelbar an der bewaldeten Flussaue entlang zum Haltepunkt Valendras-Sagogn, an dem der Rundweg beendet werden kann. Wer über eine gute Kondition verfügt, steigt auf Forstwegen und Wurzelpfaden wieder nach Flims auf. Alles in allem eine erlebnisreiche Wanderung, von der man noch lange zehren wird.

WO DER RHEIN ENTSPRINGT

Mit einem einzigen Schritt den Rhein überqueren, das ist nirgendwo möglich außer an seiner Quelle. Man kann sogar einen Schluck Rheinwasser probieren, es hat Trinkwasserqualität. Bescheiden markiert ein kleines Metallschild die Kinderstube des großen Flusses. Schauplatz ist der in eine Mulde eingebettete winzige Tomasee im Gotthardmassiv. Im Bergfrühling säumen Wollgräser und blauer Enzian seine Ufer. Von dort aus macht sich das Rinnsal Rhein noch gänzlich unverbraucht auf eine 1230 km lange Reise, um, durch unzählige Zuflüsse zu einem breiten, behäbigen Strom angewachsen, letztendlich seine Wasserfracht an die Nordsee abzugeben. Der Einstieg für die etwa fünfstündige Bergwanderung zur Quelle ist der Oberalppass, der bequem mit dem eigenen Fahrzeug oder der Matterhorn-Gotthard-Bahn erreichbar ist. Wahlweise geht es über den Pazolastock (2740 m) oder weniger anstrengend über die Maighelshütte. Nahe der Quelle kann in der Badushütte eingekehrt werden.

WEITERE INFORMATIONEN

Rhätische Bahn Railservice: Rinaulta-Ticket, verschiedene Billett-Varianten für Fahrten durch die Rheinschlucht, Tel. 081-288 43 30, www.ruinaulta.ch

34 Surselva – Skizentrum am Weltnaturerbe

Rätoromanische Kultur im Vorderrheintal

Außerhalb der Skisaison zeigt sich die Region am Vorderrhein als stille Talschaft, die von stolzen Dreitausendern überragt auf beiden Talseiten ein abwechslungsreiches Wanderrevier bereithält. Geologisch hochinteressant ist die Tektonikarena Sardona oberhalb der umtriebigen Wintersportplätze Flims und Laax, sie wurde 2008 zum Weltnaturerbe der UNESCO erklärt.

Hoch über dem Tal der Surselva liegt der Skiort Laax (oben). Der Tödi in den Glarner Alpen markiert die Kantonsgrenze zwischen Graubünden und Glarus (unten). An den Tschingelhörnern lässt sich die tektonische Verschiebung als horizontale Linie deutlich ausmachen (rechte Seite).

Surselva kommt aus dem Rätoromanischen und bedeutet soviel wie »oberhalb des Waldes«. Mit Ausnahme der deutschsprachigen Enklaven Valsertal und Obersaxen wird hier überall Rätoromanisch gesprochen, die vierte offizielle Sprache ist zugleich auch Amtssprache. Die Region ist auch unter den Bezeichnungen Bündner Oberland oder Vorderrheintal bekannt.

Der Quellfluss des Rheins durchfließt die Talschaft der Länge nach, nimmt dabei etliche Nebenflüsse auf und zwängt sich dann durch eine imposante Schlucht, um sich schließlich bei Reichenau mit dem Hinterrhein zum Rhein zusammenzuschließen.

Das Tal ist relativ dünn besiedelt und gehört zu den strukturschwachen Regionen des Landes. Die meisten vom Rest der Welt abgeschiedenen Dörfer befinden sich in den rechtsrheinischen Seitentälern, beispielsweise dem Val Lumnezia und dem Safiental.

Tektonikarena Sardona

Die nördlichen Hänge der Surselva werden von der imposanten Kette der Glarner Alpen überragt, die mit dem 3614 Meter hohen Tödi ihren höchsten Punkt erreichen. Für die Schweiz ist das an sich nichts Außergewöhnliches. Der unbedarfte Laie fragt sich daher zunächst, warum gerade dieser Gebirgsteil Weltnaturerbe wurde. Anderswo, etwa in den Walliser Alpen, ragen die Bergriesen noch gut 1000 Meter höher in den Himmel, und mit dem Matterhorn, dem Weißhorn oder dem Finsteraarhorn gibt es zudem markantere Gipfel als den Tödi. Die Antwort auf die Frage versteckt sich im Wörtchen Tektonik. Im allgemeinen Sprachgebrauch wird darunter verstanden, wie die Erdkruste aufgebaut ist. Das Besondere an der nach dem Piz Sardona benannten Tektonikarena: Durch die Plattentektonik schoben sich ältere Gesteinsschichten auf jüngere Schichten – und das ist einzigartig. Geologen

sprechen von der Glarner Hauptüberschreitung. Sehr schön zu sehen ist diese etwa an den Tschingelhörnern, die mit ihrer gezackten Silhouette die Bergwelt über Flims und Laax dominieren. Zwischen den beiden Gesteinsschichten verläuft deutlich sichtbar ein trennendes Kalkband, das Gestein darüber ist bis zu 300 Millionen Jahre alt, das darunter maximal 50 Millionen Jahre. Wanderer können das geologische Wunder aus nächster Nähe von einem aussichtsreichen Rundweg begutachten. Ein beliebter Ausgangspunkt für die mittelschwere Hochgebirgstour ist die Alp Nagens, von der über den Unteren Segnasboden bis zum Segnaspass östlich der Tschingelhörner aufgestiegen werden kann. Dabei zeigt sich auch das sagenumwobene Martinsloch, ein kreisrundes Felsfenster von einem Durchmesser von etwa 15 Metern. An wenigen Tagen im Frühling und Herbst schickt die Sonne ihre Strahlen durch das Felsenloch und bescheint den etwa vier Kilometer Luftlinie entfernten Kirchturm von Elm – für ganze zwei Minuten pro Tag!

Bike- und Skizirkus
Flims und Laax sind die beiden wichtigsten Ferienorte in der Surselva, zusammen mit dem kleineren Falera vermarkten sie sich erfolgreich unter dem Namen »Alpenarena«. Im Sommer kommen Wanderer und Biker, die mit attraktiven Routen für alle Ansprüche, den Freeride-Strecken am Crap Sogn Gion und dem Runca Trail ein gut ausgewiesenes Revier vorfinden. Das Schöne an Flims: Im Hochsommer laden mitten im Flimser Wald mehrere glasklare Gebirgsseen zum Badespaß ein. Viel los ist meist im Strand-

bad am Caumasee. Trotz der Höhenlage wärmt sich dort die Wassertemperatur auf annehmbare 20 Grad Celsius auf. Im September gehört der Flimser Himmel den Ballonfahrern. Alljährlich treffen sich Teams aus ganz Europa zur Internationalen Alpinen Heißluftballonwoche, um jeden Morgen in aller Früh vor der Kulisse des Flimser Steins in die Luft aufzusteigen. Der mit Abstand größte Trubel herrscht in der Alpenarena allerdings im Winter. Für Skifahrer ist die Region mit einem engmaschigen Netz an Seilbahnen, Liften und Pisten erschlossen und, wie viele Umweltschützer kritisch anmerken, mittlerweile gar übererschlossen. Vor allem Laax hat sich in den letzten Jahren zu einem Dorado der Boarder entwickelt. Anziehungspunkte abseits der Pisten sind Europas größte Halfpipe und eine Freestyle-Indoor-Halle, in der ganzjährig und wetterunabhängig Sprünge und Tricks geübt werden können. Rund um den Schneezirkus gibt es für das junge Publikum eine perfekte Infrastruktur. Gewohnt wird in trendigen Hotels wie dem Riders Palace oder dem Rocksresort, und nach Pistenschluss geht das Leben in einem der Nightspots weiter. Doch auch im Winter hat die Alpenarena ihre beschaulichen Ecken. Wer von dem Rummel nichts mitbekommen will, zieht sich einfach ins ruhigere Falera zurück.

Von Vrin in die Greina
Auf der südlichen Talseite der Surselva sorgt neuerdings Vrin für positive Schlagzeilen. Gleich mehrfach wurde der Ort für seine nachhaltige Dorfentwicklung ausgezeichnet, 1998 mit dem Wakkerpreis, 2010 mit dem Europäischen Dorferneuerungspreis. Dabei sah Vrin bis

Berühmtes Felsenfenster: das Martinsloch in den Tschingelhörnern (oben). Laax hat sich zu einem beliebten Ferienort entwickelt – im Winter für Snowboarder, im Sommer für Wanderer (Mitte). Lag da Cresta, ein verträumter Bergsee im Flimser Wald (unten). Das Safiental auf der Südseite der Surselva ist bislang nur wenig touristisch erschlossen (rechte Seite unten).

noch vor wenigen Jahrzehnten einer ungewissen Zukunft entgegen. Angesichts anhaltender Landflucht drohte der Ort zu verfallen. Mit einem unter anderem von der kantonalen Denkmalpflege und der Eidgenössischen Technischen Universität Zürich angeschobenen Modellprojekt konnte erfolgreich gegengesteuert werden. Eine neu gegründete Genossenschaft kaufte zunächst freies Bauland auf und entzog damit Immobilienspekulanten im wahrsten Sinne des Wortes den Boden unter den Füßen. In traditioneller Strickbauweise entstanden mehrere neue öffentliche Gebäude, etwa eine Gemeindehalle und eine Schlachterei, in der die Bauern ihre Produkte direkt vermarkten können. Wanderern ist Vrin noch aus einem anderen Grund bekannt. Es bietet sich als Ausgangspunkt für Exkursionen in die Greina an, die bislang weder von Straßen noch Bergbahnen erschlossen ist. Über den Pass Diesrut kann in drei Stunden zu der etwa sechs Kilometer lan-

gen, doch nur einen Kilometer breiten Hochebene aufgestiegen werden. Auf etwa 2200 Metern Höhe überrascht eine unberührte Landschaft, die der Schweizer Fotograf Plinio Grossi poetisch als »Wunderkorridor und Überraschungsfenster« umschreibt. Auch die Greina hat ihre Geschichte. Ein in den 1980er-Jahren geplantes Wasserkraftwerk rief landesweite Proteste hervor, Umweltschützer sahen bereits die tundraähnliche Landschaft in den Fluten eines Stausees versinken. Doch der Wind hat sich seither spürbar gedreht: 2015 soll die Greina zusammen mit der Region Rheinwald in den Parc Adula aufgehen und wird dann neben dem Schweizer Nationalpark das zweite große Schutzgebiet in den Schweizer Alpen sein. Bester Stützpunkt für Streifzüge durch den Nationalpark in spe ist die Terrihütte, alternativ zum Aufstieg über den Pass Diesrut kann zu ihr von Tenigerbad durch das Val Sumvitg aufgestiegen werden.

REMEGIUSKIRCHE IN FALERA

Die Hügelkirche steht etwas abseits vom Dorf mutterseelenallein auf einer Bergterrasse hoch über dem Vorderrheintal. Ein paar Schritte davon entfernt deutet ein megalithischer Steinkreis auf einen vorchristlichen Kultplatz hin, an dem vermutlich auch die Kalendertage berechnet wurden. Die Kirche wird von einer schiffsförmigen Friedhofsmauer umschlossen, die an die Arche Noah erinnern soll. Alles in allem also Stoff für viel Symbolik – für esoterisch orientierte Menschen ist die Kirche in Falera einer der Kraftorte der Schweiz. Die Baugeschichte der Remegiuskirche lässt sich bis ins Jahr 1045 zurückverfolgen. Sie gehört damit zu den ältesten Sakralbauten der Surselva und ist zugleich eines der Wahrzeichen der Region. Romanisch zeigt sich noch der von einem Zeltdach abgeschlossene Turm, Langhaus und Chor sind dagegen sichtlich vom Barock geprägt.

WEITERE INFORMATIONEN

Gästeinformation Flims Laax Falera:
Via Nova 62, 7017 Flims Dorf,
Tel. 081-920 92 00, Mitte April–Mitte Dez.
Mo–So 9–12, 14–17 Uhr, Juni–Aug.
8–17.30 Uhr, www.flims.com

35 Therme Vals – Wellnessoase aus Gneis

Peter Zumthors phänomenale Badearchitektur

Hollywoods Filmbranche kürt ihre Besten alljährlich mit dem Oscar, herausragende Literaten und Naturwissenschaftler werden mit dem Nobelpreis geehrt. In der Welt der Architektur ist das Maß aller Dinge der Pritzker-Preis. 2009 wurde damit der Schweizer Architekt Peter Zumthor ausgezeichnet. Maßgeblichen Anteil daran hatte der von ihm entworfene Badetempel in Vals.

Mit seinen steingedeckten Holzhäusern wirkt das Walserdorf Vals wie aus einem Guss (oben). Peter Zumthors Architektur machte die Therme Vals zu einem außergewöhnlichen Wellness-Tempel (unten). Auch innen kann sich die Anlage sehen lassen (rechte Seite unten).

Das Valsertal ist eine deutschsprachige Enklave im rätoromanischen Kulturraum der Surselva. Archaisch anmutende Holzhäuser füllen den von etlichen Dreitausendern bewachten schmalen Talgrund. Der Hauptort Vals bietet sich als Ausgangspunkt für großartige Bergtouren an, das Tal ist zugleich ein Mekka für Architekturfans und Badegäste.

Auf dem Weg zum Heilbad

Die einzige Thermalquelle Graubündens entspringt an der linken Talseite und tritt mit einer Temperatur von 30 Grad aus dem Fels. Tonscherben belegen, dass die Quelle schon seit mehr als 3000 Jahren bekannt ist. Als Thermalbad wird sie seit dem 17. Jahrhundert genutzt, erstmals chemisch untersucht wurde das Wasser 1826 von dem Churer Apotheker Georg Wilhelm Capeller. Schnell stand die »Sauerquelle« im Ruf, Hautleiden, rheumatische Beschwerden und Gicht zu lindern. Der Badebetrieb im heutigen Sinn begann 1891 mit dem Bau eines ersten Kur- und Badehauses. Wenige Jahre zu-

vor wurde eine von Ilanz nach Vals führende Fahrstraße eröffnet, auf der betuchte Kurgäste nun bequem in Pferdekutschen den Weg in die bis dahin nur über Saumpfade zugängliche Talschaft fanden. Peter Zumthors 1996 eröffnete Badetherme mit angeschlossenem Badhotel leitete schließlich eine neue Ära ein. Seither steht nicht mehr allein das Thermalwasser im Mittelpunkt, sondern das Drumherum, mit dem es den Badegästen zugänglich gemacht wird. Zumthor verwendete für den neuen Badetempel Valser Gneis, einen 250 Millionen Jahre alten Baustoff, der seit Jahrhunderten in den Steinbrüchen im Tal abgebaut wird und unter anderem als Dachabdeckung der Valser Häuser dient. Um das einheitliche Ortsbild zu erhalten, ist das heute gar zur Vorschrift geworden. Für die Therme wurden eigens 60 000 Steinplatten zurechtgeschnitten. Sorgfältig aufeinandergeschichtet, sorgen diese für das einzigartige Raumgefühl. Auf überflüssigen Schnickschnack wurde bewusst verzichtet.

Jenseits vom Spaßbad

Das Bad von Vals ist kein Erlebnisbad. Man rutscht oder springt nicht in die Becken, die Lokalität ist vielmehr ein Ort der Ruhe und Entspannung. Zu einem Ritual avancierte das Nachtbaden ab 23 Uhr. Fast lautlos bewegen sich die Badegäste im Wasser. Es wird nicht gesprochen, nur ein gelegentliches Plätschern ist zu hören. Vormittags genießen Hotelgäste das Privileg, die Therme exklusiv zu nutzen. Nach 11 Uhr wird es dann voll, kaum ein Tag vergeht, an dem das Bad nicht ausgebucht ist. Doch auch dann herrscht eine verhältnismäßig ruhige Atmosphäre. Man genießt es einfach, sich in den Becken zu bewegen und ins im Winter 36 Grad Celsius warme Außenbad rauszuschwimmen.

Wer sich über das Badevergnügen hinaus noch etwas Gutes gönnen will, kann auf verschiedene Wellnessangebote zurückgreifen, angefangen von Peelings und warmen Moorpackungen bis hin zum ayurvedischen Stirnguss. Daneben gibt es auch therapeutische Anwendungen wie manuelle Lymphdrainage und Fußreflexzonenmassage.

Peter Zumthor – Architekt von Weltrang

Die Therme von Vals machte ihren Architekten weltbekannt. Der gebürtige Basler arbeitete zunächst in der Denkmalpflege Graubündens, bis er 1979 ein eigenes Architekturbüro eröffnete. Zu seinen wichtigsten Arbeiten gehört das Kunsthaus in Bregenz, für Aufsehen sorgte die Gestaltung des Schweizer Pavillons auf der Expo 2000 in Hannover.

Eine Autostunde von Vals entfernt kann ein weiteres Zumthor-Projekt besichtigt werden: die Kapelle Sogn Benedetg. Sie steht zwischen Ilanz und Disentis etwas oberhalb des Bergdorfs Sumvitg anstelle eines im Jahr 1984 durch einen Lawinenabgang zerstörten mittelalterlichen Vorgängerbaus. Nicht der Stein dominiert hier – das Kirchenschiff ist komplett aus Holz gebaut.

36 Chur – Graubündens kleine Metropole

Älteste Stadt der Schweiz

Triste Wohn- und Bürotürme, ausufernde Industrieansiedlungen, so stellt man sich eine Schweizer Alpenstadt beileibe nicht vor. Viele Reisende belassen es bei einem Blick auf Chur von der Rheintalautobahn und fahren weiter, nach Flims, Arosa oder durch den San-Bernardino-Tunnel ins sonnige Tessin. Schade eigentlich, denn das so gut wie autofreie Altstadtquartier der Graubündner Hauptstadt kann sich durchaus sehen lassen.

Die Kathedrale St. Mariä Himmelfahrt hält so manches kunsthistorisch interessante Detail bereit (oben). Beschauliches Straßenbild in Chur, der ältesten Stadt der Schweiz (rechte Seite oben). Aus der Vogelperspektive zeigen sich Kathedrale und Bischofspalast im akkurat angelegten Churer Hofquartier (rechte Seite unten).

Die 36 000 Einwohner zählende Kantonshauptstadt legt viel Wert auf Historie, von offizieller Seite ist überall zu hören und zu lesen, dass man stolz darauf ist, eine der ältesten, wenn nicht vielleicht gar die älteste Stadt der Schweiz zu sein. Das Rätische Museum im historischen Bürgerhaus stellt mit seiner archäologischen Sammlung eine so gut wie lückenlose Besiedlungsgeschichte her, von der Altsteinzeit bis zum römischen Curia.

Kultur und Kunst

Im Mittelalter demonstrierten die Churer Bischöfe die kirchliche Macht mit dem Bau einer spätromanischen Kathedrale. Von außen kommt der 1272 geweihte Sakralbau recht schmucklos daher, was durchaus dem Zeitgeist der damaligen Epoche entsprach. Doch die Innenausstattung wartet mit einigen kunsthistorischen Attraktionen auf. Den hohen

Stand der romanischen Steinmetzkunst verdeutlicht der figürliche Schmuck an den Säulenkapitellen im Mittelschiff. Beachtenswert sind ferner das kunstvoll gedrechselte Chorgestühl und der reich vergoldete spätgotische Hochaltar. Ein schönes Beispiel alter Handwerkskunst hat das Rathaus von Chur zu bieten. In der Täferstube steht der vielleicht schönste Kachelofen der Schweiz. Das Schmuckstück stammt aus dem Jahr 1632. Neben der erwähnten archäologischen Sammlung zieht vor allem das Bündner Kunstmuseum Besucher an, das neben Arbeiten der in Chur geborenen Malerin Angelica Kaufmann auch mit Werkgruppen von Ernst Ludwig Kirchner, Giovanni Segantini und den Brüdern Augusto und Giovanni Giacometti aufwarten kann. Wer noch mehr von Augusto Giacometti sehen will, wird in der spätgotischen Martinskirche fündig, in welcher der Bergeller Künstler drei Buntglas-

fenster im Hauptschiff gestaltete. Wechselausstellungen mit hochkarätiger Kunst präsentiert das Kulturforum des schwäbischen Schraubenmilliardärs Reinhold Würth. Es befindet sich in der Niederlassung seines Weltkonzerns etwas außerhalb der Altstadt. Zur Sammlung Würth gehört alles, was in der Kunstwelt Rang und Namen hat. Und wie in allen Kunsträumen von Würth ist der Eintritt frei.

Heidis heile Welt

Zwischen reichlich Kitsch und viel Kommerz bewegt sich der Kult um das berühmte Schweizer Mädchen namens Heidi. In den vor mehr als 100 Jahren erschienenen Kinderbüchern der Züricher Autorin Johanna Spyri spiegelt sich eine unverdorbene Alpenwelt wider, die bis heute die junge Leserschaft zu begeistern weiß. Die Abenteuer von der herzensguten Heidi, ihrem besten Freund Geissenpeter und Großvater Alpöhi wurden in mehr als 50 Sprachen übersetzt, zig Mal

in Spiel- und Zeichentrickfilmen aufgearbeitet und auch als Comic herausgegeben. Als Heidiland wurde Maienfeld 20 Kilometer nördlich von Chur auserkoren. Dort macht ein Heidi-Erlebnispfad mit den vermeintlichen Schauplätzen bekannt. So gibt es etwa die Heidialp, den Heidibrunnen und natürlich das Heidihaus, in dem die pausbäckige Heldin ihre beste Zeit verbrachte. In der Poststelle Heididorf werden Heidipostkarten mit einem exklusiven Sonderstempel versehen. Dabei hätte Maienfeld den für die vornehmlich japanischen und amerikanischen Besucher veranstalteten Rummel gar nicht nötig, denn die alte Walsergemeinde mit ihrem heimeligen Ortskern liegt aussichtsreich über dem Rheintal und lohnt auch für Gäste, die nichts mit dem Heidikult am Hut haben. Das Heididorf kann man sich übrigens im Vorfeld der Reise schon mal in aller Ruhe – und mit zahlreichen Details – bei Google Street View anschauen.

BÜNDNER SPEZIALITÄTEN

Graubündens Regionalküche gehört zum Besten, was die Schweiz kulinarisch zu bieten hat. Ein Klassiker ist die Bündner Gerstensuppe. Ursprünglich ein Arme-Leute-Essen, wird sie heute als gehaltvolle Zwischenmahlzeit aufgetischt, in einfachen Berghütten ebenso wie in der gehobenen Gastronomie. Überall zu haben sind auch Capuns, gefüllte Mangoldblätter mit oder ohne Fleisch gefüllt, die mit Bergkäse überbacken werden. Über die Landesgrenzen hinaus hat sich das Bündnerfleisch einen Namen gemacht. Dazu nimmt man das Beste vom Rind, trocknet es mehrere Wochen an der Luft und presst es dabei immer wieder zusammen. Vor dem Verzehr wird es in dünne Scheiben geschnitten. In der Weihnachtszeit darf Birnbrot nicht fehlen, dem Zitronat und Branntwein seine besondere Note verleihen. Und ein beliebtes Mitbringsel ist die Engadiner Nusstorte.

WEITERE INFORMATIONEN

Bündner Kunstmuseum: Postplatz, 7000 Chur, Tel. 081-257 28 68, Di–So 10–18, Do 10–20 Uhr, www.buendner-kunstmuseum.ch
Chur Tourismus: Bahnhofplatz 3, 7001 Chur, Tel. 081-252 18 18, www.churtourismus.ch
Heididorf: 7304 Marienfeld, Tel. 081-330 19 12, www.heididorf.ch

Es gibt nur wenige Städte in den Alpen, die mehr Einwohner als Chur haben. Die Graubündner Metropole verdankt ihre Größe vor allem der verkehrsgünstigen Lage.

37 Via Mala – imposantes Natur-monument am San Bernardino

Wildwasserklamm mit bizarren Strudeltöpfen

An der San-Bernardino-Route von Chur ins Tessin liegt mit der Via Mala eines der spektakulärsten Naturwunder der Schweiz. Seit mehr als 1000 Jahren führt ein berühmt-berüchtigter Transitweg durch die vom Hinterrhein in den Schiefer gebrochene Schlucht. Ausflügler und Wanderer sind von der urwüchsigen Szenerie der Klamm begeistert.

Gut ausgebaute Fußgängerwege erlauben atemberaubende Einblicke in die enge Klamm der Via Mala (oben). An den Rändern der tief eingekerbten Klamm suchen Kiefern nach Halt (rechte Seite unten).

John Knittels 1934 erschienener Heimatroman *Via Mala*, spätestens jedoch die auf der Romanvorlage basierende Verfilmung von 1961 machten die bis dahin nur Insidern bekannte Klamm europaweit bekannt und lockten trotz der damals noch beschwerlichen Anreise mehr und mehr Neugierige an den Schauplatz der Handlung. Der Roman erzählt vom alkoholkranken Jonas Lauretz, der im fiktiven Andruss eine Sägemühle betreibt und seine Frau und die Zwillingstöchter derart misshandelt, dass diese sich zum Vatermord entschließen. Der brisante Stoff war wie geschaffen fürs große Kino. Die Hauptrollen spielten zwei Bösewichte vom Dienst – Gert Fröbe und Mario Adorf – und als Kulisse fungierte natürlich die Via Mala. Die brisante Story rief ein großes Echo hervor.

Vom Mythos zur Touristenattraktion

Schlechter Weg bedeutet Via Mala auf Deutsch. Jahrhundertelang hatten Passgänger und Säumer mit den Unbilden der Schlucht zu kämpfen. Wie frühgeschichtliche Funde belegen, gab es schon vor 3500 Jahren Menschen, die trotz des unwegsamen Terrains auf einem schmalen Saumpfad die Via Mala als Transitweg über die Pässe Splügen und San Bernardino nutzten. Auch die Römer kannten den Engpass. Sie waren es auch, die eine erste Halbgalerie durch die Schlucht legten. Im 15. Jahrhundert wurde der Weg so weit verbreitert und mit Brücken versehen, dass er mit Pferdewagen befahrbar war.

Seit dem Jahr 1834 schließlich führt eine mittlerweile auf Autobahnbreite ausgebaute Kantonstraße unmittelbar an der Via Mala vorbei. Nicht zuletzt deswegen ist der Run auf die Schlucht ungebrochen. An sommerlichen Wochenenden steigen vom Parkplatz mitunter ganze Scharen von Touristen die 321 Stufen zur Aussichtsplattform über dem tosenden Hinterrhein ab, um einen Blick in die Klamm zu werfen, die stellenweise nur meterbreit ist.

Die Kraft des Wassers hat hier im Lauf der Jahrtausende bizarre Strudeltöpfe ausgewaschen, die sich in der Felslandschaft wie kleine, natürliche Kunstwerke ausnehmen. Was so mancher Besucher mitnimmt, ist ein ehrfürchtiges, ja beklemmendes bis bedrohliches Gefühl, zu welchen Kraftakten sich die Natur immer wieder in der Lage zeigt.

Kulturhistorisches Wandern auf der Via Spluga

Will man sich nicht nur auf eine kurze Momentaufnahme der Via Mala beschränken, bieten sich etliche lohnende Wanderwege für die nähere Erkundung der Region an.

Die Via Spluga beispielsweise ist ein Weitwanderweg, der viele Bergwanderer anspricht, weil er nicht gar so lang ist: Die 65 Kilometer auf dem historischen Säumerweg von Thusis über den Splügenpass nach Chiavenna sind in vier Tagesetappen gut zu bewältigen. Einer der Höhepunkte auf der ersten Etappe ist ne-

ben der Via Mala der Traversinersteg: eine Hängebrücke, auf der schwankend in 22 Metern Höhe die Traversina-Schlucht überquert wird. Am zweiten Tag wird nach der imposanten Rofflaschlucht im Rheinwald der Ort Splügen erreicht. Bei der Ortsbesichtigung fällt sofort auf, dass die Bewohner einst ein ausgesprochen gutes Auskommen gehabt haben müssen: Die Lage an den Passwegen über San Bernardino und Splügen spülte gutes Geld ins Dorf. Mehr darüber erzählt ein kleines Heimatmuseum. Heute lebt man hier aber vornehmlich vom Tourismus und der Landwirtschaft. Praktisch alle Höfe und Sennereien im Tal wirtschaften natürlich, und der Biokäse und das Biofleisch aus Splügen genießen in der Schweiz einen guten Ruf. Am dritten Tag wird schließlich auf dem größtenteils gepflasterten historischen Säumerweg zum Splügenpass aufgestiegen, bevor tags darauf der kurzweilige Abstieg ins italienische Chiavenna erfolgt.

SPÄTROMANISCHE BILDER IN ST. MARTIN IN ZILLIS

In der Schweiz gibt es nur wenige Kirchen, für die Eintritt verlangt wird. Die romanische Pfarrkirche St. Martin in Zillis ist eine davon, doch der zu entrichtende kleine Obolus lohnt in jedem Fall, fließt er doch größtenteils in dringend erforderliche Restaurierungsmaßnahmen. Die äußerlich recht schlicht gehaltene Saalkirche ist wegen ihrer aus 153 quadratischen Tafeln zusammengesetzten einzigartigen Holzdecke berühmt. Sie wurde zwischen 1109 und 1114 von einem unbekannten Künstler geschaffen. Während sich an den Rändern Seeungeheuer und andere seltsam anzuschauende Fabelwesen tummeln, werden im zentralen Deckenbereich Szenen aus dem Leben Christi und des Hl. Martin dargestellt. Das Bildprogramm der neun Reihen mit je 17 Tafeln kann der Reihe nach von links nach rechts »gelesen« werden. Der Clou bei der Sache: Damit man sich nicht minutenlang den Hals verrenken muss, liegen Handspiegel bereit.

WEITERE INFORMATIONEN

Gästeinformation Via Mala: Auskunft Tel. 081-650 90 30, Mo–Fr 8–12, 13.30–17.30, Juni–Okt. und Dez.–März Sa 8–12, 13.30–17.30 Uhr, www.viamala.ch

38 Davos – Thomas Manns Zauberberg

Alpenstadt zwischen Skizirkus und Weltwirtschaftsforum

Früher suchten Lungenkranke in den Davoser Sanatorien ihre verlorene Gesundheit. Spätestens seit sich die Stadt 2008 mit dem Nachbarort Klosters zu einer riesigen Skiarena zusammenschloss, sind die beiden Orte mit rund 34 000 Gästebetten Europas mit Abstand größter Wintersportplatz. Damit auch im Sommer die Hotellerie gut ausgelastet ist, lässt man sich auch für Wanderer, Biker und Golfer einiges einfallen.

Der größte Wintersportplatz der Schweiz hat sich auch als internationales Konferenzzentrum einen Namen gemacht (oben). Das Kirchner Museum birgt die umfassendste Sammlung des deutschen Expressionisten (unten). Das traditionsreiche Jugendstilhotel diente Thomas Mann als Vorlage für seinen *Zauberberg* (rechte Seite unten).

Auch wenn einer der Davoser Ortsteile Dorf heißt, versteht sich der Skiort mit seinen 13 000 Einwohnern als Stadt, genauer gesagt als die höchstgelegene Stadt der Alpen. Sie liegt in einem Hochtal auf 1560 Metern, mit ihrer mitunter arg funktional geratenen Architektur ist sie allerdings nicht unbedingt eine Schönheit. Dafür gibt es jenseits der Piste ein breites Angebot an Kultur und Unterhaltung. Davos ist zugleich ein international bedeutendes Kongresszentrum. Beim World Economic Forum Ende Januar debattieren Staatschefs und Wirtschaftsmanager über globale Herausforderungen, vor den Konferenzsälen machen dabei Globalisierungsgegner ihrem Unmut über die weltliche Schieflage Luft, mitunter auch in handgreiflichen Auseinandersetzungen mit der Polizei.

Wintersportarena der Superlative

Nach 130 Jahren Erfahrung im Wintersport weiß man in Davos, was Skifahrer, Snowboarder und Tourengänger mögen. Die Skistadt am Landwasser ist für alle Eventualitäten gerüstet. Ein weitläufiges Pistennetz, Pulverschneehänge und am Jakobshorn ein Funpark für Snowboarder machen Davos zu einer Top-Destination für den weißen Sport. Und schneesicher ist die Skiarena auch. 40 Lifte und Bahnen erschließen sechs abwechslungsreiche Skigebiete mit mehr als 300 Pistenkilometern. Einsteiger finden dabei genauso den passenden Hügel wie angehende Profis. Davos nimmt zudem für sich in Anspruch, die Wiege des Schlittensports zu sein. Das erste Schlittenrennen fand 1883 statt. Der seither vielfach kopierte »Davoser Schlitten« ist heute auf der ganzen Welt verbreitet. Für jene, die ihre Winterferien weniger rasant angehen wollen, gibt es gespurte Winterwanderwege und Langlaufloipen. Die beliebteste Sportart der Davoser selbst ist allerdings weder Skifahren noch Rodeln, sondern Eishockey spielen. Der Davoser HC brachte es bislang auf 30 Schweizer Meisterschaften. Auch kann die Stadt mit einer großen Natureisbahn aufwarten. Bis sich der Eisschnelllauf wegen der sta-

bileren Witterungsbedingungen in die Halle verlagerte, war die Stadt Austragungsort von zahlreichen Welt- und Europameisterschaften.

Vom Waldsanatorium zum Zauberberg

Zu den berühmtesten Davoser Sommergästen gehörte Thomas Mann. 1921 weilte er zusammen mit Ehefrau Katia im Waldsanatorium, die sich dort wegen eines Lungenleidens für ein halbes Jahr eingemietet hatte. Davos war zu jener Zeit ein renommierter Kurort, der sich angesichts der trockenen Luft einen Namen bei der Behandlung von Tuberkulose gemacht hatte. Vom Waldsanatorium, heute ein Hotel, kann man auf dem Thomas-Mann-Weg zur Schatzalp aufsteigen, von der sich der spätere Nobelpreisträger zum *Zauberberg* inspi-

rieren ließ. Der 1924 erschienene mehr als 1000 Seiten starke Wälzer gehört zu einem der erfolgreichsten Bildungsromane der deutschen Literatur. In parodistischem Stil gelang es Thomas Mann, die von Krankheit und Tod aufgeladene und teils weltentrückte Atmosphäre des Kurortes einzufangen.

Im Speisesaal der Schatzalp, heute ebenfalls ein gediegenes Hotel, fühlt man sich beinahe in die Belle Époque zurückversetzt. Den Zauberberg in Form eines empfehlenswerten Restaurants gibt es auch. Das Lokal im Hotel Europe serviert anstelle der ortsüblichen Rösti allerdings Frühlingsrollen und andere Spezialitäten der chinesischen Küche. Katia Mann erholte sich übrigens in Davos prächtig – sie wurde 96 Jahre alt und überlebte ihren Ehemann um nahezu ein Vierteljahrhundert.

KLASSIKER DER MODERNE

»Keiner hat diese Farben wie ich«, sagte Ernst Ludwig Kirchner nicht ohne Stolz über die fulminante Leuchtkraft seiner Bilder. Weniger schillernd war das Privatleben des deutschen Expressionisten. Von den Ereignissen im Ersten Weltkrieg aufgerüttelt und von Morphium und Alkoholexzessen psychisch und körperlich fast am Ende, suchte Kirchner 1917 in Frauenkirch bei Davos einen neuen Anfang. Angeregt durch die neue Umgebung, durchlebte der »Brücke«-Maler hier eine zweite Schaffensperiode, in der statt aufregender Großstadtszenen nun stille Landschaften Eingang in sein Werk fanden. In Deutschland diffamierten 1937 die Nationalsozialisten Kirchners Bilder als entartete Kunst, ein Jahr darauf schied der Maler freiwillig aus dem Leben. Kirchner liegt auf dem Davoser Waldfriedhof begraben. Seit 1992 würdigt das Kirchner Museum in Davos sein Werk.

WEITERE INFORMATIONEN

Kirchner Museum Davos: Promenade 82, 7270 Davos, Tel. 081-410 63 00, Di–So Mitte Juni–Mitte Okt. und Anf. Dez.–Mitte April 10–18 Uhr, Mitte Okt.–Anf. Dez. 14–18 Uhr, www.kirchnermuseum.ch
Tourismus- und Sportzentrum: 7270 Davos Platz, Talstr. 41, Tel. 081-415 21 21, www.davos.ch

39 St. Moritz – mondäner Kurort und Wintersportplatz

Der Jetset-Treff im »Champagnerklima« des Engadins

Für viele Promis aus Showbusiness, Politik und Geldadel ist St. Moritz zum zweiten Wohnzimmer geworden. In dem Weltdorf wedelt man nicht einfach nur die Pisten hinab, neben dem Skizirkus weiß man vor allem die gepflegte Luxushotellerie und das breite Angebot an kulturellen und sportlichen Events zu schätzen. Großveranstaltungen machten das Engadiner Bergdorf zu einem der berühmtesten Wintersportplätze der Welt.

Zuschauerinnen beim White Turf (oben). Der schiefe Turm der St. Moritzer Mauritiuskirche kann im Neigungswinkel locker mit jenem in Pisa mithalten (unten). Das noble »Badrutts Palace« steht seit fast 150 Jahren für gepflegte Gastlichkeit (rechte Seite oben). Saisonhöhepunkt: Trabrennen im Februar auf dem zugefrorenen See (rechte Seite unten).

W as ist dem Alpenort im Oberengadin nicht schon alles nachgesagt worden! Mondän und legendär soll es sein, exklusiv, schick und kosmopolitisch – und vor allem teuer. Ein Körnchen Wahrheit wird man in jedem dieser Attribute finden. Unbestritten ist St. Moritz der renommierteste Ferienort der Schweiz, und etwas weiter gefasst gehört er mit seiner Spitzenhotellerie und nicht zuletzt der einzigartigen Lage wegen zu den besten und bekanntesten Feriendestinationen weltweit. Das 5400 Einwohner zählende Bergstädtchen verfügt über fast 13 000 Betten, einen großen Teil davon in der Vier- und Fünfsterne-Kategorie. Etliche der gut betuchten Gäste kommen lediglich zum Einkaufen – die Via Serlas nimmt sich mit Designermode von Chanel bis Zegna wie eine Miniaturausgabe der Züricher Bahnhofstraße aus. Doch schaut man sich die Gästestruktur einmal näher an, wird man feststellen, dass viele der Urlauber ganz normale

Familien, Wanderer, Biker und Skifahrer sind, die einfach nur den Zauber der Engadiner Landschaft genießen wollen. Kinderwagentaugliche Spazier- und Wanderwege gibt es genauso wie Single-Trails und Abfahrtspisten für jedermann.

Die einzigartige Lage

St. Moritz liegt inmitten der Oberengadiner Seenplatte im von Dreitausendern eingefassten Hochtal des Inn, das sich vom Majolapass auf etwa 80 Kilometer Länge bis nach Zernez im Unterengadin erstreckt. Als Hausberge fungieren Corviglia und Piz Nair. An der Staatsgrenze zu Italien überragt als einziger Viertausender der Ostalpen der Piz Bernina die Szenerie. Die Lage auf rund 1800 Metern macht das Oberengadin zu den höchstgelegenen Tälern Europas, die ganzjährig bewohnt sind. Urkundlich erwähnt wurde das nach dem Hl. Mauritius benannte St. Moritz erstmals 1139, weitaus älter ist eine Quelle über dem Südwest-

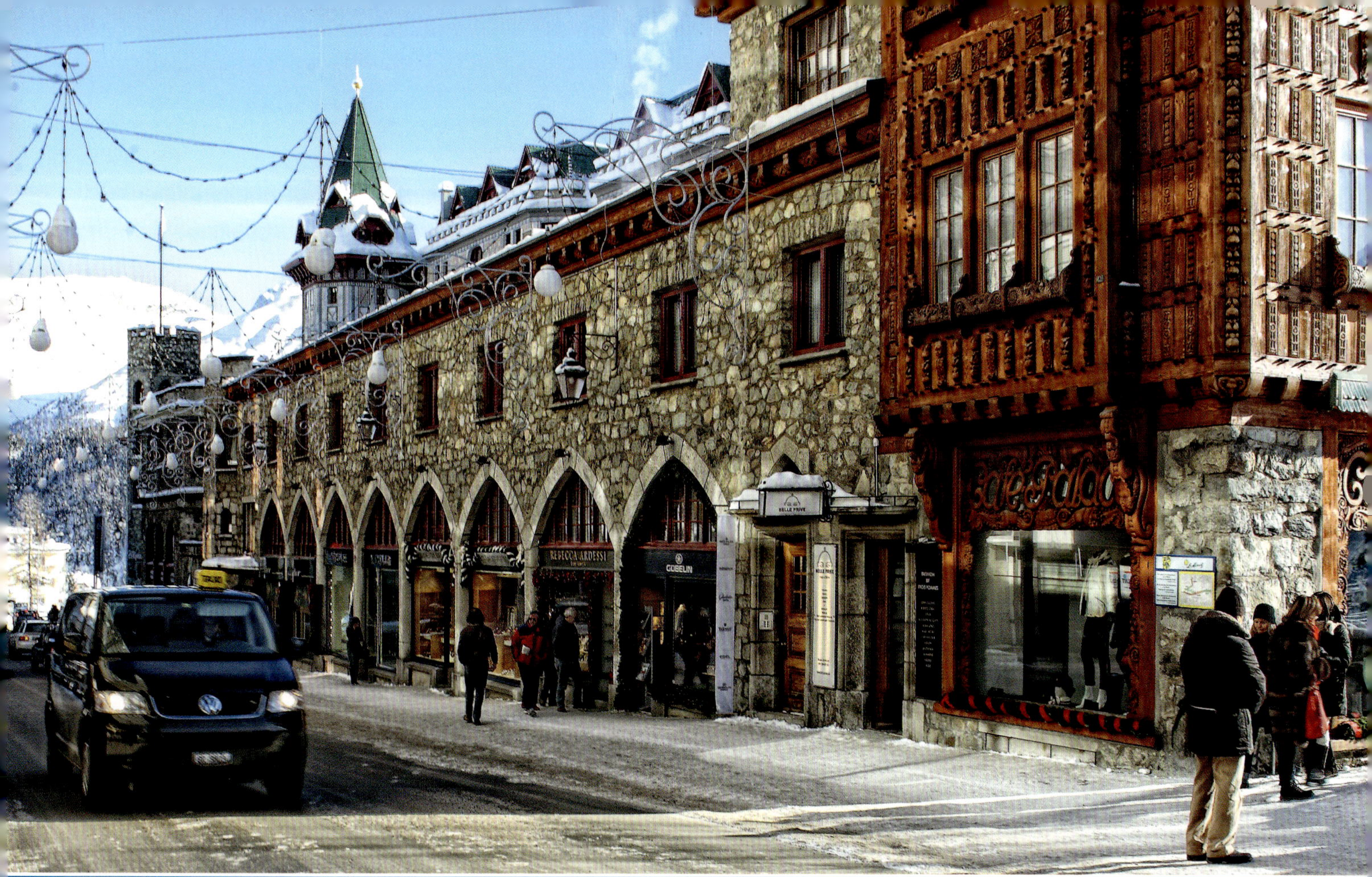

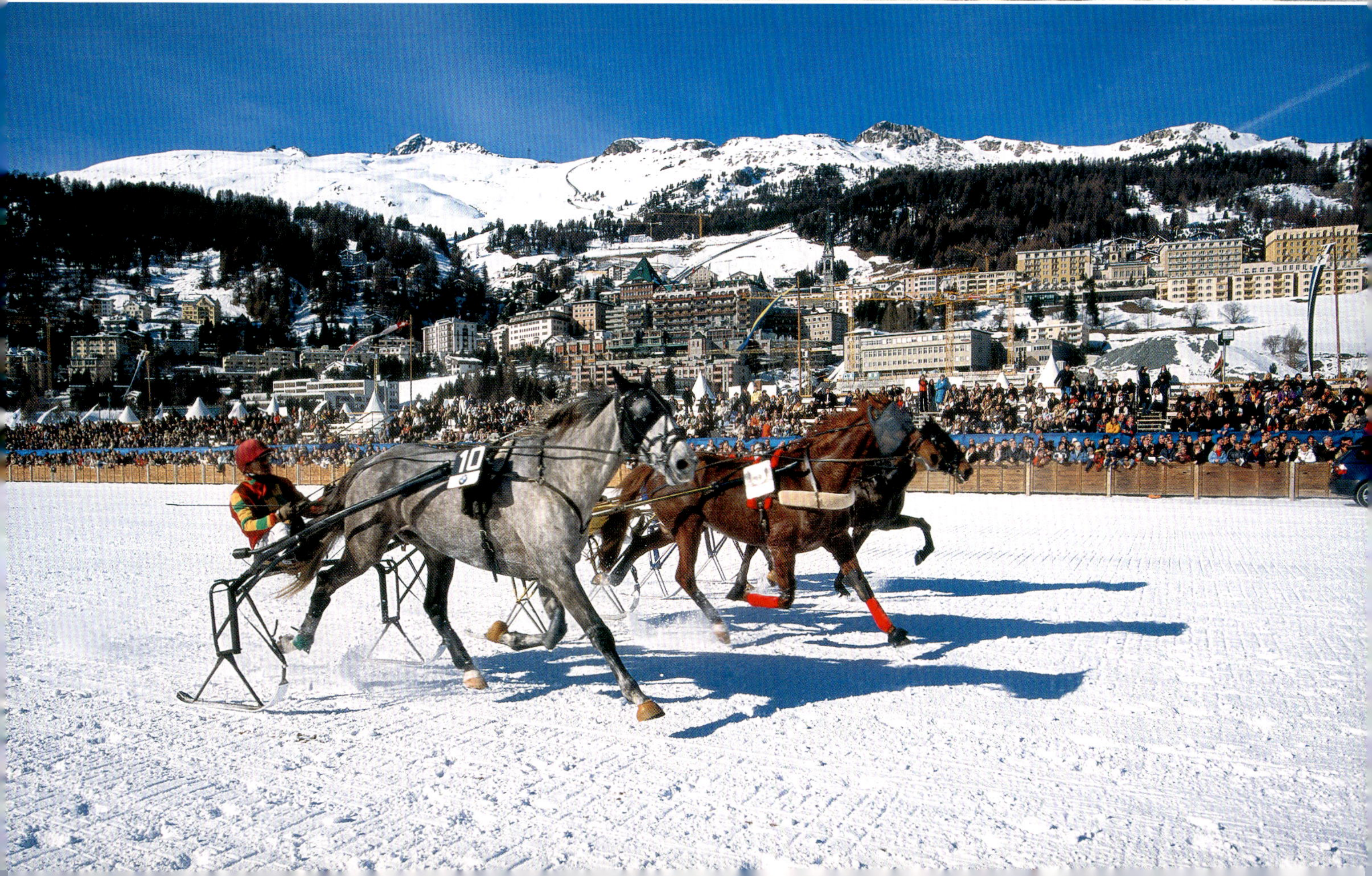

Über dem Ufer des St. Moritzer See liegen einige der exklusivsten Hotels der Schweiz (oben). Pittoresk: das Dorfzentrum (Mitte). Das Segantini-Museum ehrt einen der bekanntesten Alpenmaler (unten). Der Campanile der Badkirche St. Karl erinnert an das nahe Italien (rechte Seite oben). Zum Après-Ski trifft man sich in den angesagten Bars und Clubs (rechte Seite unten).

ufer des St. Moritzer Sees. Nachdem der mittelalterliche Heilkundige Paracelsus dem Wasser wundersame Heilkräfte zugesprochen hatte, fanden mehr und mehr Menschen den Weg in das zu jener Zeit nur über beschwerliche Saumpfade zugängliche Hochtal. Ein Kurhaus samt Trinkhalle und Badekabinen für Wasseranwendungen eröffnete 1831. Auch die klare Höhenluft im Tal hat etwas Besonderes. Die St. Moritzer sprechen gerne vom Champagnerklima – trocken, prickelnd – und mit mehr als 300 Tagen im Jahr ist es ausgesprochen sonnig. Und der Malojawind, ein aus dem Bergell heraufziehender Talwind, der meist um die Mittagszeit einsetzt, beschert auf dem Silvaplanersee Seglern und Kitesurfern ideale Bedingungen für ihren Sport.

Wo der Wintersport erfunden wurde

Sofern man der offiziellen St. Moritzer Version Glauben schenken darf, gründet sich der Wintersport auf einer Wette, die 1864 zwischen dem einheimischen Hotelier Johannes Badrutt und vier englischen Sommergästen abgeschlossen wurde. Badrutt lud die Engländer ein, auch mal im Winter in seinem Hotel vorbeizuschauen. Sollte ihnen die kalte Jahreszeit nicht zusagen, würde er für die Reisekosten von London in die Schweiz aufkommen. Die Engländer hatten bei dieser Wette nichts zu verlieren und kamen wieder. Sie blieben von Weihnachten bis Ostern und machten in dieser Zeit erste Gehversuche auf Skiern, düsten im Schlitten die Hänge hinab und hatten ganz offensichtlich ihren Spaß im winterlich eingeschneiten Engadin. Bald wurden erste Wettkämpfe veranstaltet, und die zugefrorenen Seen boten sich auch

zum Polospiel an. Legendär sind die erstmals im Winter 1884 ausgetragenen Cresta-Rennen, bei denen heute die Schlittenpiloten mit Spitzengeschwindigkeiten von bis zu 140 Stundenkilometern eine Natureisbahn hinabrasen. Einmalig sind auch die Pferde- und Windhundrennen auf dem St. Moritzer See. Ein Massenspektakel ist der Engadiner Skimarathon, bei dem sich jedes Jahr am zweiten Märzsonntag rund 13 000 Läufer auf die Strecke von Majola nach S-chanf aufmachen. St. Moritz gehört heute zu den führenden Wintersportdestinationen. Zweimal, 1928 und 1948, war die Stadt Austragungsort der Olympischen Winterspiele; dazu kommen zahllose Weltmeisterschaften der Alpinen, Bob- und Skeletonfahrer. Von den Großereignissen profitierte auch die Familie Badrutt – das Badrutts Palace Hotel gehört bis heute zu einem der renommiertesten Luxusresorts in den Alpen.

Sehenswertes abseits von Loipe und Wanderweg

Architektonisches Wahrzeichen von St. Moritz ist der Schiefe Turm, der mit einer Neigung von 5,5 Grad gar jenen von Pisa übertrifft. Die zugehörige Mauritiuskirche wurde wegen des unruhigen Baugrundes allerdings im 19. Jahrhundert abgerissen. Am Heidi-Kult partizipiert St. Moritz mit der originalen Heidi-Hütte der im Engadin verfilmten Kindergeschichte der Schweizer Autorin Johanna Spyri. Malerisch steht das ursprünglich 1792 im Bergell gebaute rustikale Blockhaus am Westhang über dem Ort. Postmodern nimmt sich dagegen die Chesa Futura von Norman Foster aus. Der spektakuläre Rundbau des britischen

Stararchitekten beherbergt zehn exklusive Privatwohnungen, seine Außenhülle ist mit 250 000 Lärchenholzschindeln verkleidet.

Segantinis Alpenwelt

Was wäre eine Ferienregion ohne ihre Künstler! Die Almwiesen hoch über St. Moritz fungierten vor allem als Freiluftatelier von Giovanni Segantini. Für den ursprünglich aus Norditalien stammenden Maler war das Engadin eine unerschöpfliche Quelle der Inspiration. Seine Bilder machten ihn zu einem der bekanntesten Alpenmaler. Segantini fand seine Motive vor der Haustür – bäuerliche Szenen mit Kindern und Kühen vor der großen Kulisse der Berggipfel. Der Maler verbrachte seine letzten fünf Lebensjahre im Engadin, oberhalb von Pontresina zog er sich auf den Schafberg in eine Hütte zurück und arbeitete wie

besessen an einem großflächigen Alpentriptychon, bis er dort 1899 im noch jungen Alter von 41 Jahren an einer Bauchfellentzündung verstarb. »Ich möchte meine Berge sehen«, sollen seine letzten Worte gewesen sein. Im Segantini-Museum in St. Moritz wird eine erlesene Auswahl an Bildern von ihm gezeigt, darunter das berühmte Triptychon *Leben-Natur-Tod*.

Wanderer können von der Bergstation Muottas Muragl auf einem Höhenweg zu Segantinis Sterbehütte auf 2731 Meter Höhe aufsteigen. Neben dem Segantini-Museum zeigt das Engadiner Museum, wie man früher im Tal gelebt hat. Herausragend ist der getäfelte Prunksaal eines Patrizierhauses. Die Fassade des 1906 eröffneten Museumsgebäudes, die typische Engadiner Sgraffiti ziert, hebt sich wohltuend von etlichen weniger gelungenen modernen Hotelbauten im Ort ab.

DAS NIETZSCHE-HAUS IN SILS-MARIA

»Hier im Engadin ist mir bei weitem am wohlsten auf Erden«, schrieb Nietzsche, der von 1881 bis 1888 regelmäßig die Sommer in Sils-Maria verbrachte. Der Philosoph fand im Engadin seine Ideallandschaft. Er wohnte in einem schlichten Bauernzimmer, genoss die Landküche im heute geschlossenen Gasthof Alpenrose und sinnierte während seiner Spaziergänge am Silvaplanersee über Gott und die Welt. In Sils-Maria formulierte er seine zentralen Thesen, hier ließ er den »Zarathustra« sprechen und schrieb den *Antichristen*. 1960 wurde das Haus als Museum zugänglich gemacht. Philosophisch Interessierte können sich auch darin einmieten und die umfangreiche Fachbibliothek nutzen.

WEITERE INFORMATIONEN

Nietzsche-Haus: Via da Marias 67, Mitte Juni–Mitte Okt. und Ende Dez.–Mitte April Di–So 15–18 Uhr, www.nietzschehaus.ch
St. Moritz Tourist Information: Via Maistra 12, 7500 St. Moritz, Tel. 081-837 33 33, Mitte April–Mitte Juni und Mitte Sept.–Mitte Dez. Mo–Fr 9–12, 14–18 Uhr, Mitte Dez.–Mitte April und Mitte Juni–Mitte Sept. Mo–Fr 9–18.30, Sa 9–12.30, 13.30–18.30, So 16–18 Uhr, www.stmoritz.ch

40 Schweizerischer Nationalpark

Exkursionen ins Reich der Murmeltiere

Eigentlich ist es erstaunlich, dass die Schweiz mit ihrem außerordentlichen Reichtum an großartigen Landschaften bislang nur einen Nationalpark ausgewiesen hat. Natur Natur sein lassen, so könnte man das oberste Ziel der Parkranger zusammenfassen. Dem Menschen wird dabei lediglich eine beobachtende Zuschauerrolle eingeräumt, er stellt die Rahmenbedingungen bereit, dass sich die Natur voll und ganz nach ihren eigenen Gesetzen entfalten kann.

Die wirtschaftliche Nutzung ist im Nationalpark streng untersagt, es gibt nur einige wenige Almhütten (oben). Das Murmeltier ist im Nationalpark allerorten anzutreffen. Wenn man es nicht sieht, hört man zumindest seine schrillen Pfiffe (unten). Im Herbst setzen golden gefärbte Lärchenbestände Akzente (rechte Seite).

Das Schutzgebiet im Unterengadin wurde am 1. August 1914 als erster Nationalpark Mitteleuropas gegründet, just an jenem Tag, an dem in Europa der Erste Weltkrieg ausbrach. Das seither mehrfach auf heute 172 Quadratkilometer erweiterte Gebiet liegt in der östlichen Ecke der Schweiz und zieht sich von 1400 Metern über dem Meer in Höhenlagen bis fast 3200 Meter hinauf. Mit alpinen Mischwäldern aus Bergföhren, Lärchen, Fichten und Zirbelkiefern, der Seenplatte von Macun, dem Blockgletscher in der Val Sassa und den Felstürmen von Margunet umfasst das Schutzgebiet auf relativ kleinem Raum ein vielfältiges Ökosystem. Klein ist auch das Stichwort für eines der Probleme des Parks. Anders als bei vergleichbaren Schutzgebieten in Nachbarländern gibt es im Schweizerischen Nationalpark keine Kern- und Umgehungszone. Bestrebungen, die Fläche um eine großzügige Vorzone zu erweitern, scheiterte bislang an der Akzeptanz der angrenzen-

den Gemeinden. Die Anrainer fürchten, dass die dadurch beschnittene Landnutzung sich negativ auf das Einkommen auswirken könnte.

Artenreiche Flora, scheue Fauna

Besonders lohnend ist der Parkbesuch zum Bergfrühling ab Mitte Juni, wenn die Bergwiesen von regelrechten Teppichen aus Wildblumen übersät sind. Auf Schritt und Tritt begegnen einem dann Glockenblumen, Silberwurz, Alpenastern und verschiedene Enzianarten. Rar gemacht hat sich allerdings die wohl symbolträchtigste Alpenblume, das Edelweiß. Größere Bestände finden sich nur noch an sonnigen Kalkhängen in Höhenlagen von bis zu 3000 Metern.
Will man das Schweizer Mannsschild entdecken, muss man ebenfalls hoch hinaus, etwa zur 2850 Meter hohen Fuorcla Val Sassa oder zum Fuß des Piz Quattervals, wo die seltene Hochgebirgspflanze halbkugelförmige Polster ausbildet. Schön sind auch die Tage im Herbst.

Der Ofenpass an der östlichen National-
parkgrenze markiert zugleich den Über-
gang vom Engadin ins Münstertal (oben).
Trotz gelungener Wiederansiedlung immer
noch selten: Alpensteinbock (Mitte). Im
Bergfrühling färbt Enzian die Wiesen blau
(unten). Über dem Ofenbach erhebt sich
die markante Silhouette des fast 3000 m
hohen Piz dal Fuorn (rechte Seite unten).

Die Nadeln der ausgedehnten Lärchenwälder färben sich dann gelb und überziehen die Berghänge mit einem goldenen Farbton. Der Herbst macht auch
akustisch auf sich aufmerksam: Es ist die
Zeit der Hirschbrunft, das röhrende Brül-
len der Rothirsche ist kilometerweit zu
hören.

Zu den großen Stars des Nationalparks
gehören Steinböcke. Die Weltmeister im
Klettern hatten in den vergangenen Jahrhunderten überall in den Alpen einen
schweren Stand, in Graubünden galt das
Tier um 1650 als so gut wie ausgerottet.
Die Jäger hatten es vornehmlich auf das
imposante Gehörn abgesehen, das zu
feinem Pulver vermahlen im Ruf stand,
potenzfördernd zu wirken.

Darüber hinaus wurde in den Apotheken
eine ganze Palette von »Steinwildarz-
neien« gehandelt. So galt etwa das Blut
des Steinbocks als Wundermittel gegen
Blasensteine. Zu den ersten Maßnahmen
der Parkverwaltung gehörte es, einige
aus Italien eingeführte überlebende
Steinböcke wieder im Gebiet anzusie-
deln. Diese haben sich seither erfolgreich
vermehrt und sind zu einer stattlichen
Kolonie von etwa 300 Exemplaren angewachsen.

Allgegenwärtig sind Murmeltiere. Sofern
man sie nicht sieht, sind zumindest ihre
schrillen Warnpfiffe zu hören. Spätestens
im Oktober verschwinden die großen
Nager allerdings erst mal von der Bildfläche, um nach den anstrengenden
sommerlichen Aktivitäten in ihren Höh-
len in den wohlverdienten Winterschlaf
zu fallen. Bis in den April hinein zehren
sie dabei von ihrem angefressenen Fett-
polster und müssen keinerlei Nahrung zu
sich nehmen.

Was fliegt denn da?

Die Lufthoheit wird von Steinadlern und
Bartgeiern beherrscht. Beide Großvögel
sind allerdings sehr selten, vom Steinad-
ler gibt es lediglich sechs Brutreviere im
Park. Ein erhabener Moment ist es, einen
Bartgeier beim Gleitflug zu beobachten.
Mit einer Flügelspannweite von fast drei
Metern gibt es in Europa keinen größe-
ren Vogel. Auch der Bartgeier war in
Graubünden so gut wie ausgestorben,
bis zwischen 1991 und 2007 in der Val
da Stabelchod wieder mehrere Jungtiere
erfolgreich ausgewildert werden konnten. Weder Adler noch Geier haben es allerdings in das Logo des Nationalparks
geschafft, sondern der von der Größe
zwar nicht gerade unscheinbare, doch
deutlich kleinere Tannenhäher. Er ernährt
sich überwiegend von den Samen der
Zirbelkiefern und ist den ganzen Herbst
damit beschäftigt, davon einen Winter-
vorrat in Verstecken zu deponieren. Trotz
meterhoher Schneehöhen findet er rund
80 Prozent wieder. Aus jenen Samen, die
ihm durch die Lappen gehen, wachsen
im Frühjahr Jungbäume heran – der Tannenhäher trägt damit auf natürliche
Weise dazu bei, neuen Wald zu schaffen.

Anlaufpunkte im Park

Der Nationalpark hat für Besucher mit
die strengsten Reglementierungen, die es
für internationale Schutzgebiete dieser
Kategorie gibt. So dürfen etwa Wanderer
das Wegenetz nicht verlassen. Biken, Skifahren und Reiten sind gänzlich untersagt, Hunde müssen draußen bleiben.
Pilze und Beeren bleiben dort, wo sie
wachsen. Selbst das Mitnehmen von
Steinen ist untersagt. Auch das Zelten
oder Übernachten im Fahrzeug ist nicht

gestattet. Die einzige komfortable Übernachtungsmöglichkeit innerhalb der Parkgrenze bietet das Hotel Parc Naziunal an der Ofenpassstrasse von Zernez nach Müstair. Letztere ist die einzige öffentlich befahrbare Straße durch den Nationalpark.

Als Eingangstor fungiert das 2008 neu eröffnete Nationalparkzentrum in Zernez, dessen avantgardistischer Bau aus Leichtbeton auch in architektonischer Hinsicht auf sich aufmerksam macht. Eine didaktisch hervorragend aufbereitete Dauerausstellung liefert Antworten auf fast alle Fragen rund um das Schutzgebiet. Das Reich der Murmeltiere wird auf einem begehbaren Bau erfahrbar gemacht, und wer will, kann im Flugsimulator auf dem Rücken eines Bartgeiers die Höhen und Täler des Nationalparks aus der Vogelperspektive erleben.

Wandern und Tiere sehen

Durch die Naturschönheiten des Nationalparks führen 21 markierte Wanderrouten. Gern und häufig frequentiert wird der Naturlehrpfad ab dem Nationalparkhotel an der Ofenpassstrasse, der exemplarisch mit der Ökologie im Gebiet bekannt macht.

Hoch im Kurs steht auch das Val Trupchun im Süden des Schutzgebiets, das vom Wanderparkplatz Prasüras bei S-chanf nach gut zwei Wegstunden erreicht werden kann. Der Grund dafür ist ganz einfach: Nirgendwo sonst im Nationalpark stehen die Chancen besser, Tiere zu entdecken. Um den Rastplatz Val Mela am Ende des Hochtals tummeln sich meist Murmeltiere, und in den Hängen oberhalb davon können Gämsen und Rothirsche ausgemacht werden. Auch Steinböcke sind dort zuhause. Wer sich mit dem Verhalten von Tieren ein bisschen auskennt, weiß, dass der frühe Morgen die beste Zeit ist, auch tatsächlich Tiere anzutreffen – was aber nicht heißen soll, dass es dann automatisch hinter jeder Biegung von Steinböcken wimmelt …

SCUOL UND GUARDA

Mit berühmten Oberengadiner Namen wie St. Moritz und Pontresina kann das Unterengadin zwar nicht aufwarten, dafür aber mit stillen, ursprünglichen Dörfern. Der Hauptort Scuol überrascht im Unterdorf mit hübsch herausgeputzten und von Sgraffiti gezierten Engadiner Häusern. Entspannen kann man sich im »Bogn Engiadina«, einem modernen Wellnesstempel, mit dem erfolgreich an die Tradition aus der Belle Époque angeknüpft wird, als Scuol ein beliebter Badekurort war. Rund um Scuol entspringen etwa 20 Mineralquellen. Das Wasser kann man in einigen der Ortsbrunnen probieren. In der Therme werden nach ärztlicher Verschreibung auch Trinkkuren angeboten. Wie aus dem Bilderbuch präsentiert sich auch das westlich von Scuol auf einer sonnigen Hangterrasse gelegene Guarda. Für viele Besucher ist es mit seinem geschlossenen Ortsbild, den schönen Hausfassaden und den lauschigen Plätzen das Engadiner Musterdorf schlechthin.

WEITERE INFORMATIONEN

Nationalparkzentrum Zernez: 7530 Zernez, Tel. 081-851 41 41, Mitte Mai–Ende Okt. tgl. 8.30–18 Uhr, www.nationalpark.ch
Tourismus Engadin Scuol Samnaun Val Müstair AG: Staziun Scuol-Tarasp, 7550 Scuol, Tel. 081-861 88 00, www.scuol.ch

41 Bergell – die Schwelle zum Paradies

Maronenwälder und archaische Dorfbilder

Kommt man vom Oberengadin, beginnt jenseits des Malojapasses eine andere Welt. Im Bergell ist schnell das mondäne St. Moritz vergessen. Kastanienwälder, Bergwiesen, Weiden und Kornfelder geben der Region einen eher bodenständigen Charakter, den Menschen in der sonnigen Talschaft ist zwar kein Leben in Saus und Braus vergönnt, doch für ein bescheidenes Auskommen reicht es allemal.

Die fast ausschließliche Verwendung von Naturstein gibt dem Ortsbild von Soglio sein besonderes Gepräge (oben). Über der Dorfkirche von Soglio zeigen sich die Bergeller Alpen mit dem Piz Badile (3305 m; rechte Seite unten).

Dass die Zeiten früher mitunter unruhig sein konnten, wird im ehemaligen Gerichtsort Vicosoprano deutlich. Am Rathaus ist noch der Pranger zu sehen, in dem bis ins 17. Jahrhundert hinein zum Tode verurteilte »Hexen« öffentlich zur Schau gestellt und hingerichtet wurden. Dunkle Verließe und Folterinstrumente, mit denen Geständnisse erpresst wurden, sind nebenan im Turm Torre Rotonda zu sehen.

Wohnen wie Rainer Maria Rilke

Uralt mutet das homogene Ortsbild von Soglio an. Entlang der bucklig gepflasterten Gassen steht allerdings so manches der von Steinplatten gedeckten Häuser leer. Von Kastanien allein will in Soglio heute niemand mehr leben, die Jungen zieht es in die großen Städte. Wer früher in Soglio das Sagen hatte, wohnte in einem der vier großzügigen Palazzi. Einer davon, der Palazzo Salis aus dem 17. Jahrhundert, dient heute als Hotel. Alle Zimmer sind mit antikem Mobiliar ausstaffiert, im zugehörigen Ristorante

kann man authentische Bergeller Kastaniensuppe probieren und sich anschließend im barocken Garten unter hohen Mammutbäumen entspannen. Für Atmosphäre und Charme ist also ausreichend gesorgt, aus Gründen des Denkmalschutzes wurde allerdings bei den meisten Zimmern auf den Einbau eines eigenen Bades verzichtet. Doch damit musste auch schon Rainer Maria Rilke leben, der im Sommer 1919 zwei Monate im Palazzo Salis verbrachte. Wer rechtzeitig reserviert, kann von seinem Zimmer aus den Blick über die Dächer von Soglio schweifen lassen.

Die Künstlerfamilie der Giacomettis

Stampa gehört zwar nicht zu den hübschesten Dörfern im Bergell, doch vor allem Kunstfreunden ist der Name ein Begriff, war dort doch im Ortsteil Borgonovo mit den Giacomettis eine der berühmtesten Schweizer Künstlerfamilien zuhause. Fangen wir zunächst mit Vater Giovanni an, der angesichts seiner bekannteren Söhne Alberto und Augusto

vielfach vergessen wird. Wie so viele Bergeller entstammte er einer Zuckerbäckerfamilie, doch nicht das süße Handwerk hatte es ihm angetan, sondern die Malerei. Beeinflusst von seinem Freund Giovanni Segantini, dessen Antlitz er auf dem Totenbett malen durfte, widmete sich Giacometti der post-impressionistischen Landschafts- und Porträtmalerei. Zu seinen größten Erfolgen gehörte 1908 eine Ausstellung mit der Künstlergruppe »Brücke« in Dresden. Richtig berühmt wurde Sohn Alberto, dessen bildhauerisches Werk in die ganze Welt verstreut in den namhaftesten Museen und Galerien ausgestellt wird. Unverkennbar sind seine hyperschlanken filigranen Bronzeskulpturen, die er vielfach auf einen Sockel stellte, der mitunter größer ausfiel als die Figur selbst. Alberto Giacomettis Konterfei steckt übrigens in fast jeder Schweizer Brieftasche: Es befin-

det sich auf der aktuellen Serie der 100-Franken-Banknote. Bruder Augusto machte sich vor allem als Glasmaler einen Namen. Zu seinen wichtigsten Arbeiten gehört das Chorfenster im Züricher Grossmünster. Ein kleineres Fenster von ihm kann im Geburtsort Borgonovo in der reformierten Dorfkirche San Giorgio bewundert werden. Auf dem Friedhof der Kirche sind alle Giacomettis begraben, auch Diego, der dritte Spross der Künstlerfamilie, der angesichts der engen Zusammenarbeit mit Bruder Alberto als dessen Assistent in die Kunstgeschichte einging. 2016 soll in Stampa ein ausschließlich der Künstlerdynastie gewidmetes Zentrum eröffnen. Man darf schon jetzt darauf gespannt sein, was sich der Ort dazu einfallen lässt. Bis es so weit ist, muss man sich mit einer eher bescheidenen Ausstellung in der Ciäsa Granda begnügen.

VIA PANORAMICA

Die Via Panoramica ist nicht etwa eine Straße, sondern ein viel begangener Wanderweg. Ein gemütlicher Spazierweg darf allerdings nicht erwartet werden, zwischen dem langen und zuletzt steilen Abstieg sind auch etwas Kondition erfordernde Gegenanstiege zu bewältigen. Dafür ist die Strecke gut ausgebaut und bestens markiert. Besonders im Frühjahr zur Kastanienblüte ein Genuss. Auch der Herbst, wenn sich die Laubbäume im goldenen Licht zeigen, hat seinen Reiz. Der Bergeller Höhenweg beginnt in Casaccia (Postautohaltestelle) und läuft zunächst am Flüsschen Maira entlang, schwingt sich dann die linke Talseite hinauf und senkt sich schließlich durch ausgedehnte Maronenwälder nach Soglio und Castasegna ab. Für die Strecke ist eine reine Gehzeit von gut fünf Stunden einzuplanen. Mit Fotostopps und einer Rast in einem Gasthof ergibt das eine volle Tagestour. Autofahrer kommen mit dem Postauto wieder bequem zum Ausgangspunkt zurück.

WEITERE INFORMATIONEN

Bregaglia Engadin Turismo: Strada Principale 101, 7605 Stampa, Tel. 081-822 15 55, www.bregaglia.ch
Hotel Palazzo Salis: 7610 Soglio, Tel. 081-822 12 08, www.palazzosalis.ch

42 Die Albula-Bernina-Bahn

Mit dem Zug vom Gletschereis zum Palmenstrand

Dass Bahnfahren in der Schweiz wunderschön sein kann, weiß auch die UNESCO. Zwei der berühmtesten Strecken, die Albula-Bahn und der Bernina-Express, befinden sich mittlerweile auf der Welterbeliste. Ein nostalgisches Erlebnis der besonderen Art!

Der Soliser Viadukt überspannt seit 1902 das Albulatal.

Die Albula-Bernina-Bahn ist die einzige Bahnlinie, die nicht durch, sondern über die Alpen nach Italien fährt. Eisige Gletscher, eine von Seen eingenommene Passhöhe und die mediterrane Blütenpracht am Luganer See setzen die Kontrapunkte. Sage und schreibe 55 Tunnel und 196 Brücken – doch kein einziges Zahnrad – waren notwendig, bis die spektakuläre Trasse vor gut 100 Jahren dem Verkehr übergeben werden konnte. Los geht es mit der Albula-Bahn im bündnerischen Chur. Zwischen Graubünden und dem Engadin durchsticht der fast sechs Kilometer lange Albulatunnel den Hauptkamm der Alpen. Zuvor löst kurz vor Filisur das Landwasserviadukt unter den Fahrgästen meist hektische Betriebsamkeit aus: Von dem gekrümmten Viadukt aus kann das Einfahren des Zuges in den Landwassertunnel mit der Kamera festgehalten werden.

Wer mehr über die Geschichte der Albula-Bahn erfahren will, wird in Bergün im 2012 eröffneten Bahnmuseum fündig. In Pontresina wird schließlich die Lok gewechselt, und weiter geht es nun auf der Bernina-Strecke. Am Morteratschgletscher vorbei müht sich der Zug dann bis zum auf 2253 Meter Höhe gelegenen Berninapass hinauf. Auf der Passhöhe am Fuß des Piz Bernina verläuft die Sprachgrenze zwischen dem rätoromanischen Engadin und dem italienischsprachigen Puschlav. In zahlreichen Schleifen windet sich der Zug im Anschluss die Alpensüdseite hinab.

Für Bahnfans das Nonplusultra ist das 107 Meter lange Kreisviadukt von Brusio. Bei dem Bau des gut 100 Meter langen Bogenviadukts griffen die Ingenieure tief in die Trickkiste: Sie verlängerten die Trasse künstlich, um so unterhalb der maximalen Steigung von sieben Prozent zu bleiben. Von Süden kommend verläuft die Strecke durch den vierten Bogen und unterquert sich damit selbst. Nach vierstündiger Fahrt wartet in der Grenzstadt Tirano bereits der Anschlusszug nach Lugano.

INFO: Bahnmuseum Albula, Plazi 2A, 7482 Bergün/Bravuogn, Tel. 081-420 00 06, Di–Fr 10–17 Uhr, Sa–So und feiertags 10–18 Uhr, www.bahnmuseum-albula.ch Historische Berninabahn, Rhätische Bahn AG, Bahnhofstr. 25, 7002 Chur, Tel. 081 288 61 00, www.mybernina.ch, www.rhb.de, www.berninabahn.ch

43 St. Johann in Müstair – außergewöhnliche Kirchenkunst

Gelebte Religion in einem mittelalterlichen Frauenkloster

Als erstes UNESCO-Denkmal der Schweiz schaffte 1983 das Benediktiner-kloster Müstair den Sprung auf die begehrte Welterbeliste. Aus kunsthis-torischer Sicht hätte die Wahl nicht besser ausfallen können. Die Ursprünge der Abtei reichen bis in die Zeit Karls des Großen zurück.

Wer über den Ofenpass in die öst-lichste Ecke der Schweiz unter-wegs ist, wird sogleich vom Zauber des zwischen dem Unterengadin und dem österreichischen Vinschgau eingepassten Münstertals gefangen genommen. Kurz vor der Grenze zu Südtirol wartet mit dem Kloster St. Johann eine kunst-geschichtliche Sensation.

Das frühmittelalterliche Kloster wurde Ende des 8. Jahrhunderts von Karl dem Großen gestiftet. Seither erfuhr der zu-nächst von Benediktinermönchen be-wohnte Klosterkomplex erhebliche Er-weiterungen, konnte dennoch seinen ursprünglichen Charakter weitgehend bewahren. Die ältesten Holzbalken in der Klosterkirche wurden mithilfe einer den-drochronologischen Analyse auf das Jahr 775 datiert.

Einzigartig sind außerdem die karolin-gischen Fresken, die in warmen Braun- und Rottönen wandfüllend das ganze Langhaus überziehen. Erst im 19. Jahr-hundert wurden sie durch Zufall unter ei-ner Putzschicht entdeckt und freigelegt. In den Apsiden an der Ostwand steht das Gastmahl des Herodes im Zentrum des Bildprogramms, bei dem die tanzende Salome Johannes den Täufer, den Schutzpatron des Klosters, enthaupten lässt. Dessen Kopf wird in einem Kelch dem Herrscher Herodes präsentiert. Der Stifter Karl der Große ist in der Klosterkir-che in Form einer lebensgroßen Stuck-skulptur präsent.

In dem Kloster lebt heute nach den Re-geln des hl. Benedikt eine kleine Non-nengemeinschaft. Die Frauen betreiben ein Gästehaus, bewirtschaften einen bio-logischen Klostergarten und bieten je-weils im Frühjahr und Herbst Fastenkur-wochen an. Im Plantaturm, einem tausendjährigen Wohn- und Fluchtturm mit Pultdach und Schwalbenschwanz-zinnen, erlaubt das Klostermuseum Ein-blicke in das klösterliche Leben von anno dazumal.

INFO: museum & butia, Clostra Son Jon, 7537 Müstair, Tel. 081-851 62 28, Mai–Okt. tgl. 9–12, 13.30–17 Uhr, Klosterladen Mo–Sa 9–18 Uhr, Nov.–April Mo–Sa 10–12, 13.30–16.30, So 13.30–16.30 Uhr, www.muestair.ch

Harmonisch fügt sich das mittelalterliche Ensemble des Benediktinerklosters ins Val Müstair ein (oben). In der bis in die Karo-lingerzeit zurückgehenden Klosterkirche ist der romanische Stil unverkennbar (unten).

Weltabgeschieden liegt der Weiler Fusio im Talschluss des Val Lavizarra (oben). In Lugano trifft man sich seit 1803 im Traditionscafé »Al Porto« (Mitte). Vom Ponte dei Salti hat man wunderbar das Geschehen auf dem Wildwasser der Verzasca im Auge (unten). In Orselina oberhalb von Locarno zeigt sich die Tessiner Landschaft vom milden Klima verwöhnt (rechts).

Tessin

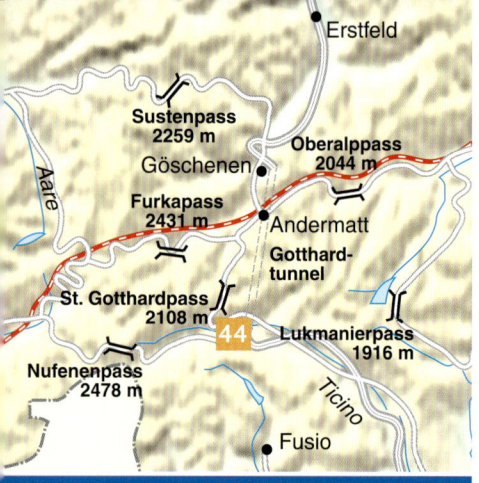

Das Mittagshorn gehört zu den höchsten Gipfeln im Gotthard-Massiv (oben). Schleifenreich windet sich die Tremola die Südrampe des St. Gotthard hinab (unten). Das Standbild auf der Passhöhe zeigt den russischen General Suworow bei seiner Gotthard-Überschreitung 1799 (rechte Seite oben). Nostalgisch: Postkutsche auf der alten Gotthardstraße (rechte Seite unten).

44 St. Gotthard – der Königspass der Alpen

Ein Alpenübergang zwischen Traum und Albtraum

Den Gotthard will man meist so schnell wie möglich hinter sich lassen, viele Reisende kennen den Bergstock nur von innen. Oft wird er als bloßes Hindernis auf dem Weg von Nord nach Süd oder umgekehrt angesehen. Doch rund um den berühmten Passübergang lohnt es durchaus anzuhalten, um die attraktive Hochgebirgslandschaft näher kennenzulernen. Dabei öffnen sich zugleich Einblicke in die bewegte Historie des Gebirgsmassivs.

Einen Berg namens Gotthard wird man allerdings vergeblich suchen. Die Gipfel des wie ein Riegel zwischen die Kantone Uri und Tessin geschobenen Gotthardmassivs sind eigentlich nur Anrainern und Insidern bekannt, die höchsten davon heißen Pizzo Rotondo (3192 Meter), Witenwasserenstock (3082 Meter) und Mittagshorn (3015 Meter).

Frühe Passgänger

Für die Römer war der Gotthard nicht die erste Wahl, auf dem Weg in ihre Provinzen nördlich des Alpenhauptkammes bevorzugten sie die Übergänge Septimer, Reschen und Brenner. Erst als im 13. Jahrhundert bei Göschenen eine Brücke über die Schöllenenschlucht geschlagen werden konnte, stieg die Gotthardroute wegen des kürzeren Weges zur wichtigsten Nord-Süd-Verbindung auf. Ab 1830 gab es einen von Postkutschen

befahrbaren Straßenpass, der schon bald von mehr als 10 000 Reisenden im Jahr genutzt wurde. Das erste Auto überquerte die Passhöhe 1902, und bereits 20 Jahre früher rollte der erste Zug durch den Gotthard-Bahntunnel. Heute durchfahren etwa sechs Millionen Fahrzeuge pro Jahr den 1980 eröffneten knapp 17 Kilometer langen Gotthard-Straßentunnel, pro Stunde sind es im Schnitt 700. Auf der 2108 Meter hohen Passhöhe hält das Museo Nazionale del San Gottardo weitere Details zur verkehrstechnischen Erschließung bereit. Über die durch das hohe Verkehrsaufkommen verursachte Dauerbelastung für die Menschen in der Region und die betroffene Umwelt erfährt man allerdings wenig.

Der neue Basistunnel

2016 wird der Gotthard abermals Geschichte schreiben, wenn nach 17-jähriger Bauzeit der mit 57 Kilometern

längste Eisenbahntunnel der Welt seiner Bestimmung übergeben wird. Licht in die beiden Tunnelröhren brachte der Durchstich der Oströhre am 15. Oktober 2010. Im März 2011 folgte der Durchschlag der Weströhre. Seither wird fieberhaft am Innenausbau gearbeitet. Der Scheitelpunkt der neuen Alpentransversale zwischen Erstfeld im Kanton Uri und Bodio im Tessin liegt 550 Meter über dem Meer. Das Gebirge kann so ohne Steigungen, also fast eben, durchfahren werden – etwa 2500 Meter unter dem höchsten Gipfel des Gotthardmassivs. Schon heute gilt das Jahrhundertbauwerk als die größte verkehrstechnische Herausforderung der Schweiz. Auf 2:40 Stunden reduziert sich dann die Fahrt im Hochgeschwindigkeitszug von Zürich nach Mailand. Damit wird die Bahn zum ernsthaften Konkurrenten für das Auto, und selbst mit dem Flugzeug wird man kaum noch schneller sein. Doch nicht die verkürzte Reisezeit gab den Ausschlag für das Mammutprojekt, die Schweiz will vielmehr dem drohenden Verkehrsinfarkt auf der Straße entgegenwirken und vor allem den Güterverkehr auf die Schiene verlagern.

Sprachgrenze und Wasserscheide

Der Gotthard ist die historische Sprachgrenze zwischen der deutschsprachigen Schweiz und dem italienisch sprechenden Tessin, zugleich ist er auch Klimagrenze zwischen Mittel- und Südeuropa und Wasserscheide zwischen Nordsee und Mittelmeer. Nur wenige Kilometer voneinander entfernt entspringen mit Rhein, Rhône, Reuss und Ticino gleich vier große Flüsse im Gotthardmassiv. Das Quellgebiet kann lediglich auf Schusters Rappen entdeckt werden, seit 2012 auf dem familienfreundlichen Vier-Quellen-Weg. In fünf Tagesetappen macht der gut ausgebaute Themenweg mit allen vier Quellen bekannt. Die Route streift dabei die Kantone Uri, Graubünden, Tessin und Wallis. Besonders praktisch: Man muss die insgesamt 85 Kilometer lange Strecke nicht unbedingt in einem Rutsch abwandern, angesichts guter Verkehrsanbindungen an die Start- und Zielpunkte sind auch Tagesausflüge möglich.

SCHAURIGE SCHÖLLENEN-SCHLUCHT

Die Schöllenenschlucht zwischen Göschenen und Andermatt erschien dem jungen Goethe »schröcklich« und deren Durchquerung im Jahr 1775 kostete ihn viel »Not und Müh und Schweiß«. Das Nadelöhr auf dem Weg zum Gotthardpass war damals schon viel begangen, und auch die Teufelsbrücke gab es zu Zeiten des Dichterfürsten schon, anstrengend muss der Weg dennoch gewesen sein. Ein gut ausgebauter Pflasterweg macht heute die Strecke durch den wilden Canyon zum Spaziergang. Die meisten Besucher begnügen sich mit einem Blick auf die Teufelsbrücke. Von der Durchgangsstraße ist sie bereits nach wenigen Schritten erreichbar. Dort erinnert ein Denkmal an einen anderen berühmten Passgänger: 1799 lieferte sich an der Brücke der russische General Suworow mit seinen Soldaten ein heftiges Gefecht mit napoleonischen Truppen. Unter herben Verlusten konnte er sich den Weg über die Teufelsbrücke freikämpfen.

WEITERE INFORMATIONEN

AlpTransit Gotthard AG: Zentralstr. 5, 6003 Luzern, Tel. 041-226 06 06, www.alptransit.ch

45 Bellinzona – mittelalterliches Burgentrio neu herausgeputzt

Eine wehrhafte Festung als Weltkulturerbe

Die lombardische Festungsanlage von Bellinzona muss sich schon lange nicht mehr gegen Angreifer behaupten. Das einst mächtige Bollwerk steht heute allen offen und zieht seit der Ernennung zum Weltkulturerbe auch viele Besucher an, die ansonsten vielleicht auf der sechsspurigen Autobahn an der Stadt vorbeigerauscht wären. Spektakulär ist der Anblick am Abend, wenn sich die hell illuminierten Silhouetten der drei Burgen bereits aus der Ferne unter dem Nachthimmel abzeichnen.

In Montagnola widmet sich in dem ehemaligen Tessiner Domizil von Hermann Hesse heute ein Museum dem Nobelpreisträger (oben). Castelgrande verkörpert mit seinen wuchtigen Türmen und zinnenbewehrten Mauern ein Stück Mittelalter in Reinkultur (rechte Seite oben). Das Leben in Bellinzona spielt sich auf der Piazza Collegiata ab (rechte Seite unten).

Bellinzona liegt im engen Tal des Ticino, der dem Tessin zu seinem Namen verhalf. Von seiner Quelle im Gotthardmassiv durchfließt der Fluss die Sonnenstube der Schweiz fast in seiner ganzen Länge, um dann nach einem Besuch im Lago Maggiore in Norditalien in den Po zu münden. Kantonshauptstadt des Tessins ist das am Fuß des Gotthard gelegene Bellinzona seit 1878.

Bewegte Historie

Bellinzona war schon immer Grenzstadt zwischen dem Norden und Süden Europas. Die strategisch günstige Lage in einem Durchgangstal an der Alpensüdseite machten sich seit alters her verschiedene Völker und Mächte zunutze. Systematisch gingen die Römer vor, die mit einer ersten Befestigungsanlage die Engstelle sicherten und so mit dem Gotthard, Lukmanier und San Bernardino gleich drei Alpenübergänge vor Einfällen

aus dem Norden abschirmten. Ursprünglich bot die Burg Schutz für eine ganze Kohorte, also etwa 1000 Mann. Nach dem Zerfall des Römischen Reiches richteten sich auf den Burghügeln von Bellinzona die Langobarden ein. Auch Friedrich I. Barbarossa hielt sich während seiner Italienzüge wiederholt in der Festung auf. 1340 geriet Bellinzona unter die Kontrolle der Mailänder Visconti, welche die Stadt zum Schutz gegen die Eidgenossen zu einem mächtigen Bollwerk ausbauten. Doch noch so trutzige Mauern und Türme konnten die Schweizer in ihrer Expansion nach Süden nicht aufhalten. Sie eroberten Bellinzona schließlich um 1500 und machten den Ort zum Sitz ihrer Landvögte. Unter der Verwaltung der Urkantone Uri, Schwyz und Unterwalden verlor der Sperrriegel seine ursprüngliche Schutzfunktion, und mangels Unterhalt drohten die Befestigungsanlagen zunehmend zu verfallen. Erst vor

Wehrgänge verbinden das Burgentrio von Bellinzona (oben). Die mittelalterlichen Bauten in Bellinzonas Altstadt gehören seit 2000 zum UNESCO-Weltkulturerbe (Mitte). Bellinzona birgt auch so manch stille Ecke (unten). Der Ticino auf seinem Weg zum Lago Maggiore (rechte Seite oben). Bogengänge im Innenhof des Rathauses von Bellinzona (rechte Seite unten).

100 Jahren besann man sich auf das historische Erbe und leitete umfassende Restaurierungsarbeiten ein. Die Ernennung der Burgen zum Welterbe der UNESCO im Jahr 2000 brachte neben weltweiter Beachtung auch frisches Geld in die alten Gemäuer. Heute steht Bellinzona beispielhaft für eine spätmittelalterliche Befestigungsanlage im Alpenraum.

Die mittelalterliche Festung

Den Mittelpunkt des Bollwerks bildet das Castelgrande, dessen älteste Bausubstanz bis ins 4. Jahrhundert zurückreicht. Ihr heutiges Gesicht erhielt die Festung jedoch im Wesentlichen unter der Herrschaft der Mailänder Herzöge im 14. und 15. Jahrhundert. Von der Piazza del Sole können Besucher mit einem Lift direkt in den Burghof hinauffahren, einen der beiden wehrhaften Türme besteigen, einen Blick in das Burgmuseum werfen oder abends in dem Terrassenlokal die vorzügliche Tessiner Küche und die Aussicht auf die Stadt genießen. Den Nachbarhügel nimmt das Castello di Montebello ein, das im Gegensatz zum modernisierten Castelgrande mit seinem trutzigen Mauerwerk, einer Fallbrücke, Pechnasen und der von Schwalbenschwanzzinnen bekrönten Ringmauer dem Idealbild einer mittelalterlichen Trutzburg entspricht. In den rustikalen Mauern residierten einst die eidgenössischen Landvögte. Heute zeigt ein Museum archäologische Funde aus der Region. 230 Meter hoch über dem Talgrund thront schließlich das Castello di Sasso Corbaro. Wer nicht zu Fuß oder im eigenen Wagen hinaufwill, kann die Burg auch vom Bahnhof aus bequem mit dem Postauto erreichen. 1479 erbaut, ist der quadratische Bau das jüngste Glied im Sperrriegel von Bellinzona. Ein Kastanienwald reicht an die bis zu fünf Meter dicke Außenmauer heran, im Innenhof lädt eine Osteria unter einer schattigen Weinlaube zur Einkehr. Neben dem Burgentrio ist auch die Murata Teil des Welterbes. Die von Zinnen bewehrte Doppelmauer verlief ursprünglich vom Castelgrande auf einer Länge von 600 Metern durch die ganze Talsohle bis zu den Ufern des Ticino. Ein Hochwasser im 16. Jahrhundert zerstörte allerdings etwa ein Viertel der Mauer, auf einen Wiederaufbau wurde verzichtet, da zu jener Zeit bereits keine Notwendigkeit mehr bestand, das Tal abzusichern.

Beschauliches Altstadtflair

Es sind nicht nur die Burgen, die den Besuch der Kantonshauptstadt lohnen. Dank der Autobahn bleibt die hübsch herausgeputzte Altstadt mit Laubengängen und ihrem mittelalterlichen Gassengewirr vom Durchgangsverkehr verschont. An der von einem pittoresken Ensemble aus Rokokobauten eingefassten kleinen, aber feinen Piazza Collegiata herrscht vor allem samstags zum Wochenmarkt eine südländische Atmosphäre, wenn die Bauern aus der Region ihr frisch geerntetes Gemüse sowie Käse und Blumen anbieten. Billigtextilien und Souvenirkitsch konnten hier bislang nicht Fuß fassen. Wichtigster Sakralbau des Städtchens ist die an die Piazza angrenzende Kollegiatskirche SS. Pietro e Stefano, deren Renaissancefassade nur so vor Marmor strotzt. Südlich von der Altstadt macht an der Außenfassade der Kirche San Biagio ein bemerkenswertes Christophorus-Fresko auf sich aufmerksam. Nach Mailand versetzt fühlt man

sich im Teatro Sociale. Der Bühnensaal ist der berühmten Mailänder Scala nachgebaut und wird von einer kurzen Schließphase abgesehen seit seiner Eröffnung 1847 bis heute bespielt.

Ausflüge ins Umland

Vom Nachbarort Monte Carasso mit seinem extravagant restaurierten und zu einer Schule umfunktionierten Augustinerkloster erreicht man mit der Seilbahn oder auf einer kurzen Wanderung durch Weinberge, Hochalmen und Kastanienwald die Chiesa San Bernardo. Vor der Kirche überzeugt die prächtige Aussicht ins Tal des Ticino, innen ein außergewöhnlicher Freskenzyklus aus dem 15. und 16. Jahrhundert. Falls das Kirchenportal geschlossen sein sollte, erhält man den Schlüssel in der Seilbahnstation. Nördlich von Bellinzona überrascht an der Auffahrt zum Gotthardpass hoch über dem Industriestädtchen Biasca die Stiftskirche Santi Pietro e Paolo. Von der kleinen Altstadt aus führt ein Treppenweg bis zu dem Kleinod romanischer Kirchenkunst hinauf, dessen Inneres mit wunderbaren Fresken ausgemalt ist. Wer noch höher hinauswill, kann auf einem Kreuzweg durch einen lichten Maronenwald zur Kapelle Santa Petronilla spazieren, und auch die von Biasca durch das Valle di Blenio abzweigende Straße zum Lukmanier ist einen Abstecher wert. Fast immer von der Sonne durchflutet, schmückt sich das Bleniotal gern mit dem Beinamen Valle del Sole. Der weite Talgrund mit seinen weithin verstreuten Dörfern wird vom Brenno, einem Nebenfluss des Ticino, durchflossen, der sich im Unterlauf zwischen Semione und Motto eine schmale Schlucht durch den Trümmerschutt eines Bergsturzes gefräst hat.

HERMANN HESSE IM TESSIN

Bei Montagnola denkt man sofort an den weltweit meistgelesenen deutschen Schriftsteller. Hermann Hesse lernte den Ort südwestlich von Lugano auf seinen ausgedehnten Streifzügen durchs Tessin kennen und lieben und machte es schließlich zu seiner Wahlheimat, in der er mehr als vier Jahrzehnte verbrachte. Dort schrieb er seine Welterfolge, etwa *Siddharta* und den *Steppenwolf*, und in die autobiografisch geprägte Erzählung *Klingsors letzter Sommer* flossen Schauplätze aus der unmittelbaren Umgebung ein. Das Museum Hermann Hesse gleich neben seinem ehemaligen Domizil, der Casa Camuzzi, ist eine Fundgrube für alle Hesse-Fans, neben persönlichen Gegenständen aus dem Alltag des späteren Nobelpreisträgers werden auch Aquarelle von ihm ausgestellt. Nach dem Museumsbesuch kann man sich im Literaturcafé »Boccadoro« entspannen oder auf dem Hermann-Hesse-Weg auf den Spuren des Dichters wandeln. Eine Wegstation ist Gentilino, auf dessen Friedhof Hesse ruht.

WEITERE INFORMATIONEN

Fondazione Hermann Hesse: Ra Cürta, Torre Camuzzi, 6926 Montagnola, Tel. 091-993 37 70, März–Okt. tgl. 10–18.30 Uhr, Nov.–Feb. Sa & So 10–17.30 Uhr, www.hessemontagnola.ch

Die mittelalterliche Burg Castelgrande im Stadtkern von Bellinzona gehört seit dem Jahr 2000
zum UNESCO Weltkulturerbe.

46 Ascona – Lockruf des Südens

Dolcefarniente an der schönsten Seepromenade der Schweiz

Zwar musste in dem alten Fischerdorf am Nordufer des Lago Maggiore vieles Neuem Platz machen. Doch die von Palmen und Platanen gesäumte Seepromenade ist zum Flanieren einfach umwerfend, das wussten in den 1950er-Jahren bereits Film- und Schlagerstars wie Brigitte Bardot und Freddy Quinn zu schätzen. In dem milden Tessiner Klima kann man das sogar mitten im mitteleuropäischen Winter machen.

Hoch über dem Lago Maggiore steht in Ronco Sopra Ascona die Pfarrkirche San Martino (oben). Einladende Terrassencafés an der Seepromenade von Ascona (unten). Steil klettern Asconas Häuser über dem Ufer des Lago Maggiore hinauf (rechte Seite unten).

Schon ganz dem italienischen Dolcefarniente verpflichtet, gaben sich die Touristen der ersten Stunde ganz dem südländisch geprägten Lebensstil hin, sie genossen bei ausgezeichneter Tessiner Küche die milden Temperaturen und das malerische Hinterland. Dem Zeitgeist entsprechend brachte 1970 der Autobauer Opel eine schicke Limousine namens »Ascona« auf den Markt, die als Antwort auf das Konkurrenzmodell »Ford Capri« millionenfach vom Band lief.

Fußballstars und andere Millionäre

Seit den Wirtschaftswunderjahren wurde rund um die kleine Altstadt schnell und viel gebaut, nicht überall zeigt sich dabei die Architektur von ihrer besten Seite. Vom Charme des ehemaligen Fischerdorfs ist kaum noch was zu spüren. Dafür gibt es einen autofreien Altstadtkern, in dem sich Boutiquen, Feinkostgeschäfte und Galerien eingerichtet haben und man in Antiquitätenläden stöbern kann. Und die Seepromenade zieht natürlich nach wie vor, zwischen altehrwürdigen

Traditionslokalen kann man hier mittlerweile auch in einer trendigen Lounge dinieren. Die gepflegte Hotellerie mit etlichen Nobelherbergen bringt ein gut situiertes Publikum in die Stadt. Während der Europameisterschaft 2008 bezog im Fünfsternehotel »Il Giardino« im ruhigen Residenzviertel von Losone die deutsche Fußballnationalmannschaft Quartier, auf einer an der Uferpromenade aufgestellten Messingtafel hinterließen die Spieler um Poldi und Schweini ihre gegossenen Fußabdrücke.

Ein wunderbares Panorama erlaubt der Kirchplatz in Ronco sopra Ascona, von dem sich der Lago Maggiore wie von einem Balkon aus zeigt. In die zwischen Ascona und Brissago gelegene Ortschaft zog sich der von den Nazis verfolgte deutsch-amerikanische Romancier Erich Maria Remarque (*Im Westen nichts Neues*) zurück. Er ist auf dem dortigen Friedhof begraben. Heute ist die kleine Gemeinde ein Refugium der Reichen – die Millionärsdichte in und um Ascona ist enorm.

Die Aussteiger am Monte Verità

Der Hügel westlich der Altstadt wurde vor mehr als 100 Jahren zum Anziehungspunkt einer bunten Subkultur von Weltverbesserern. Einer davon war der gut betuchte belgische Fabrikantensohn Henri Oedenkoven, der dort 1900 ein großes Grundstück erwarb und dieses der schnell wachsenden alternativen Gemeinschaft zur Verfügung stellte. Von lebensreformerischen Ideen inspiriert, avancierte der »Berg der Wahrheit« zu einem Refugium großstadtmüder Aussteiger, Anarchisten, Pazifisten und Theosophen. Zu jener Zeit kam gerade die Freikörperkultur in Mode, das milde Tessiner Klima erlaubte es, sich den größten Teil des Jahres nackt zu bewegen. Man wohnte in sogenannten Lichthütten, die viel frische Luft hereinließen, ernährte sich vegetarisch und debattierte über Gott und die Welt. Zu den zeitweiligen Bewohnern gehörten etliche bekannte Literaten, Künstler und Philosophen, darunter Hermann Hesse, Hans Arp, Ernst Bloch und C.G. Jung. Sozusagen als zweite Generation kam in den 1920er-Jahren die russische Malerin Marianne von Werefkin und der Wuppertaler Bankier und Kunstmäzen Eduard von der Heydt auf den Monte Verità, der dort ein Hotel im Bauhausstil errichten ließ und den Berg zu einer zweiten Blüte führte. Das Hotel gibt es bis heute, ganz im Geist der Gründerzeit versteht es sich als Begegnungszentrum. Ein Anziehungspunkt für Besucher ist der 100-jährige Park, zu dem sich ein Zen-Garten und ein japanischer Teepavillon gesellten. Ein Museum (Wiedereröffnung voraussichtlich 2014) macht mit der bewegten Geschichte der Kolonie bekannt.

SUBTROPISCH – ISOLE DE BRISSAGO

Ein Schiffsausflug auf dem Lago Maggiore ist für jeden Gast ein Muss. Beliebtestes Ausflugsziel sind die Brissago-Inseln westlich von Ascona. Die nur 25 000 m² große Insel San Pancrazio, auch »Isola Grande« genannt, darf zu Recht als botanisches Kleinod bezeichnet werden. Den Grundstock für die subtropische Vegetation legte die russische Baronin Antoinette Saint Léger Ende des 19. Jhs. 1927 erwarb der Hamburger Kaufhausbesitzer Max Emden die Insel und richtete sich dort in einer neoklassizistischen Prunkvilla ein. Nach dem Krieg kaufte der Kanton Tessin das Eiland auf und machte daraus einen öffentlich zugänglichen Botanischen Garten. Einer der ersten Besucher war Konrad Adenauer, der nicht nur von der verschwenderischen Blütenpracht angetan war, sondern auch die Aussicht auf das nahe Ascona genoss. Auf schattigen Spazierwegen können heute rund 1700 Pflanzenarten aus allen Kontinenten entdeckt werden.

WEITERE INFORMATIONEN

Botanischer Garten: Isola Grande, Ende März–Ende Okt., Tel. 091-791 43 61, tgl. 9–18 Uhr, www.isolebrissago.de
Ente turistico Lago Maggiore: Via B. Papio 5, 6612 Ascona, Tel. 091-791 00 91, www.ticino.ch

47 Locarno – an der Piazza Grande

Wo die Schweiz auf Italien trifft

Am Nordufer des Lago Maggiore trennt das breite Delta der Maggia die Orte Locarno und Ascona voneinander. Der größere von beiden ist Locarno, eine lebhafte Kleinstadt, die mit den Nachbarn Muralto und Minusio mehr und mehr das Gesicht eines urban geprägten Großraums annimmt. Locarno profitiert sichtlich von der Seelage und dem südländischen Klima.

Von der Cardada genießt man ein fulminantes Panorama auf den Lago Maggiore (oben). Donnerstagsmarkt auf der Piazza Grande (unten). Der Campanile im Ortsteil Brione steht in aussichtsreicher Hanglage über dem Seeufer (rechte Seite oben). Flanieren mit Alpenblick an der Seepromenade von Locarno (rechte Seite unten).

Bereits die Römer wussten die günstige Lage am Lago Maggiore zu schätzen und errichteten dort vor mehr als zwei Jahrtausenden einen Handelsposten. Archäologen fanden Glasscherben, die vermuten lassen, dass sich am Seeufer einst auch eine Glashütte befand. International bekannt wurde Locarno 1925, als die Außenminister von Deutschland, England und Frankreich im damaligen Grand Hotel die Locarno-Verträge festschrieben, nach denen Deutschland nach dem verlorenen Ersten Weltkrieg wieder in den Völkerbund aufgenommen wurde. Unter Cineasten hat sich die 15 000 Einwohner große Stadt am Nordufer des Lago Maggiore durch das erstmals 1946 veranstaltete Internationale Filmfestival einen Namen gemacht. Für Locarno ist es mittlerweile ein nicht unwesentlicher Wirtschaftsfaktor.

Piazza Grande und Seepromenade

Auf der Piazza Grande ist man endgültig im Süden angekommen. Lombardische Patrizierhäuser fassen den Platz ein, unter den Arkaden laden Restaurants und Terrassencafés zu Pasta und Espresso, ja man fühlt sich fast schon in das nur 50 Autominuten entfernte Italien versetzt. Und besonders attraktiv: Seit auf der kopfsteingepflasterten Piazza nicht mehr geparkt werden darf, gehört sie nun ganz den Fußgängern. Der großzügige Platz ist wie geschaffen für Sommerkonzerte und das alljährlich dort abgehaltene Filmfestival. Donnerstags gibt es einen Markt, in dem Gemüse aus der Region und lokale Käsespezialitäten angeboten werden. Noch in der Zeit von Kaiser Friedrich Barbarossa, der im 12. Jahrhundert der aufstrebenden Handelsstadt Reichsfreiheit einräumte, befand sich an der Piazza Grande der Stadthafen. Heute liegt das Seeufer mehr als 300 Meter davon entfernt. Schuld daran ist die Maggia, die mit ihren ständig von der Alpensüdseite herangeführten Geröllmassen den Lago Maggiore so stark verlanden ließ, dass eine komplett neue Uferlinie entstand. Würde der See heute nicht ständig ausgebaggert, wäre der

Mit der Luftseilbahn kommt man bequem auf die Cardada hinauf (oben). Die Wallfahrtskirche Madonna del Sasso glänzt nicht zuletzt durch ihre zauberhafte Lage (Mitte). Eine Standseilbahn verbindet Locarno mit dem Ortsteil Orsalina (unten). Im Zentrum von Locarno herrscht an guten Straßencafés kein Mangel (rechte Seite unten).

Lago Maggiore noch ein gutes Stück kleiner. Schön ist die Seepromenade trotzdem. Von Sumpfzypressen, Morgenländischen Platanen, Ginkgos und Palmen gesäumt, steht sie mit der Piazza Grande in ständigem Wettbewerb um den schönsten Treffpunkt in der Stadt. Zwischen dem alten Baumbestand machen sich gepflegte Blumenrabatte und mediterrane Zierflora breit.

Eine Oase der Kunst ist der hübsche Giardini Jean Arp am südlichen Ende der Promenade, in dem sich abstrakte Plastiken des deutsch-französischen Bildhauers und Dadaisten verteilen.

Madonna del Sasso und Cimetta

Von der Station Via Ramogna führt eine Standseilbahn in den Ortsteil Orselina zur Wallfahrtskirche Madonna del Sasso hinauf. Das Wahrzeichen Locarnos thront malerisch auf 150 Höhenmetern über dem Seeufer. Sofern man den etwas anstrengenden Aufstieg auf der Via Crucis nicht scheut, ist auf dem alten Pilgerweg auch die Annäherung zu Fuß sehr reizvoll. Auf einem Felssporn soll dort um 1480 einem Franziskanermönch die Jungfrau Maria erschienen sein. In exponierter Lage mit wunderbarem Seepanorama wurde zunächst eine kleine Kapelle errichtet, aus der schließlich ein barockes Ensemble mit neoromanischem Turm hervorging. Unter der kostbaren Innenausstattung findet sich das Tafelbild *Flucht aus Ägypten* des mailändischen Renaissancekünstlers Bramantino, der sich als Gehilfe des noch berühmteren Architekten und Malers Bramante einen Platz in der Kunstgeschichte sicherte.

Möchte man noch höher in die Berge hinauf, nimmt man von der nach Plänen von Mario Botta erbauten Talstation bei Madonna del Sasso die Luftseilbahn auf die Cardada, auf der in eine Sesselbahn zur Cimetta (1671 Meter) umgestiegen werden kann. Dort gibt es neben einem Panoramalokal eine außergewöhnliche geologische Beobachtungsstation: Man kann sowohl auf den mit 195 Metern über Normalnull tiefsten Punkt der Schweiz, sprich den Lago Maggiore, hinabschauen; andererseits hat man mit der 4634 Meter hohen Dufourspitze im Monte-Rosa-Massiv das andere Höhenextrem des Landes im Blick. Bergwanderer können von den beiden Hausbergen Locarnos zu Touren auf über 2000 Meter auf- oder in die Täler von Maggia und Verzasca absteigen. Die Cimetta ist zugleich ein beliebter Startplatz der Paraglider. Für Laien bieten erfahrene Piloten Tandemflüge an. Nach einem spektakulären Flug über dem Lago Maggiore wird 1400 Meter tiefer auf einer Wiese an der Maggia gelandet.

Falknershow mit Greifvögeln

Ein Spektakel garantiert eine in einem Park am südlichen Stadtrand ansässige Falknerei. Im Sommerhalbjahr können von der schattigen Tribüne aus die Zuschauer mehrmals täglich einer Vorführung mit Wanderfalken, Weißkopfadlern, Gänsegeiern und Eulen beiwohnen und dabei die akrobatischen Flugmanöver der Greifvögel bewundern. Die Falknerei blickt im Tessin auf eine lange Tradition zurück. Sie wurde dort im 13. Jahrhundert von Friedrich II. aus dem schwäbischen Adelsgeschlecht der Staufer bekannt gemacht. Der Vater von Barbarossa und spätere Kaiser des Heiligen Römischen Reiches war ein hochbe-

gabter Mann, der den Umgang mit Greifvögeln auf einem Kreuzzug ins Heilige Land kennenlernte und eine wissenschaftliche Abhandlung *Über die Kunst der Jagd mit Vögeln* verfasste, die über Jahrhunderte das Standardwerk zu diesem Thema war.

Kamelien und der neue Lido

Eine Attraktion ganz anderer Art ist der 2005 von der Schweizerischen Kameliengesellschaft eröffnete Kamelienpark. Bei freiem Eintritt können Hunderte verschiedene Arten dieses ursprünglich nur in Ostasien beheimateten Zierbaums bestaunt werden. Besonders reizvoll ist ein aus Steinen des Maggiatals angelegtes kleines Amphitheater, in dessen Nähe verschiedene Duftkamelien stehen. Hauptblütezeit ist das Frühjahr von März bis April, doch angesichts einiger spät blühender Arten lohnt auch der Besuch im Herbst.

Nördlich vom Kamelienpark gibt es mit dem Lido einen nicht nur für die Kleinen attraktiven Badeplatz. An gleicher Stelle gab es bereits in den 1920er-Jahen eine öffentliche Badeanstalt mit Umkleidekabinen und einem Sprungbrett. Nach mehrmaligen Überschwemmungen wurde der alte Lido abgerissen und nach einem Entwurf der ortsansässigen Architekten Paolo und Franco Moro 2009 neu eröffnet. Der seither modernste Badekomplex im Kanton kombiniert ein Hallenbad und ein an das Seeufer angrenzendes Freibad mit einem Wasserpark. Bis zu 100 Meter lange Wasserrutschen ermöglichen rasante und kurvenreiche Rutschpartien, für Kinder ab zwölf Jahren wird die Loopingrutsche zur Mutprobe. Für Erwachsene werden Wassergymnastik und Fitnesskurse angeboten. Demnächst soll zudem ein modernes Spa-Zentrum 360 Tage im Jahr zum Wohlfühlen einladen.

GLAMOURÖS UND TRENDY

Cannes, Venedig, Berlin – zu den namhaften Events im Filmgeschäft gehört ohne Zweifel auch das Internationale Filmfestival von Locarno, wenn es auch von der Größe her nicht ganz vorn liegt und nicht unbedingt den breiten Mainstream bedient. Dafür ist Locarno ein Open-Air-Festival. Die großartige Kulisse dazu liefert die Piazza Grande mitten in der Stadt, im August zehn Tage lang das Schaufenster des Festivals. Bestuhlt bietet sie Platz für 8000 Zuschauer, denen auf einer Riesenleinwand vornehmlich Autorenfilme mit sozialpolitischem Hintergrund gezeigt werden. Angefangen von Claude Chabrol und Stanley Kubrick bis Jim Jarmusch und Fatih Akin wohnten dem seit 1946 veranstalteten Wettbewerb viele Filmemacher von Rang bei, im Schlepptau unzählige kleine und große Stars der Branche. Eine international besetzte Jury verleiht am Ende des Wettbewerbs als Hauptpreis den Goldenen Leoparden.

WEITERE INFORMATIONEN

Ente turistico Lago Maggiore: Via B. Luini 3, 6600 Locarno, Tel. 0848-091 091, Mitte März–Ende Okt. Mo–Sa 9–18, So 10–14 Uhr, www.ascona-locarno.com
Internationales Filmfestival: 6600 Locarno, Tel. 091-756 21 21, im August, www.pardo.ch

Mario Bottas avantgardistisches Kirchenjuwel in Mogno (oben). Mit dem Wechsel von weißem Marmor und grauem Gneis schafft Bottas Formensprache verblüffende Effekte (unten). In Intragna wird die Trasse der Centovallibahn über eine 70 m hohe Brücke geführt (rechte Seite oben). Viel Grün umgibt die rustikalen Bruchsteinhäuser von Corippo (rechte Seite unten).

48 Maggia, Verzasca und Centovalli – die schönsten Täler im Tessin

Bergdörfer zwischen Weltferne und Tourismus

Tessin – das ist weitaus mehr als Lago Maggiore, Bellinzona und Lugano. Die nördliche Hälfte des Kantons an der Alpensüdseite ist mit bis zu 3400 Meter hohen Berggipfeln auch eine teils alpine Gebirgslandschaft, die zum Erholen und Wandern wie geschaffen ist. Manche der Bergtäler sind nur über schmale Sträßchen erreichbar. Weltabgeschiedene Dörfer zeichnen ein Bild vom Leben aus einer anderen Zeit.

Sonnenstube wird das Tessin auf der Alpensüdseite gerne genannt. Tatsächlich scheint in der italienischen Schweiz die Sonne häufiger und länger als jenseits des nördlichen Alpenkamms. Doch in so manch engem Bergtal im Tessin taucht sie angesichts der hohen Flanken und ganz entgegen dem sonstigen Schweizer Sinn für Präzision erst mit einiger Verspätung auf und verschwindet mitunter schon wieder am Nachmittag. Dem Reiz der vielfach noch ursprünglichen Täler schadet das nicht. Den Gast erwarten viel Natur mit rauschenden Wildbächen, stillen Wäldern, fast vergessenen Dörfern und versteckt gelegenen Grotti, die mit typisch Tessiner Bauernkost überraschen.

Mäusesteine und eine avantgardistische Kirche im Valle Maggia

Mit seinen verästelten Nebentälern ist das Valle Maggia das größte Talsystem im Tessin. Um jeden Winkel zu erkunden bräuchte es mehrere Tage. Vom Quellgebiet am Lago del Narèt in 2800 Metern Höhe macht sich die Maggia auf den Weg nach Süden, um dann nach 58 Kilometern in einem weiten Schwemmdelta in den Lago Maggiore zu münden. Nach der Schneeschmelze schwillt der Fluss zu einem reißenden Strom an, der sich im Unterlauf bei Avegno eine eindrucksvolle Miniaturschlucht durch den harten Gneis gefräst hat. Landflucht und Auswanderung bestimmten über Jahrhunderte die Siedlungsgeschichte. Auf Besucher mögen weltvergessene Dörfer zwar ausgesprochen pittoresk erscheinen, doch für die Landbevölkerung war vor allem im oberen Maggiatal das Leben immer hart und entbehrungsreich. Lebten vor 300 Jahren noch 10 000 Menschen in den dortigen Dörfern, sind es heute nur halb so viele. Dank des florierenden Tourismus steigt zumindest am Unterlauf des Tales die Einwohnerzahl wieder an. Mittelpunkt der Talschaft ist das von Wein-

Ponte dei Salti im Val Verzasca – auch nach fast 400 Jahren noch top in Schuss (oben). Das Häuschen vor der Kirche in Sonogna beherbergte einst die dörfliche Backstube (unten). Der Valegg da Cansgell gehört zu den größten Wasserfällen im Verzascatal (rechte Seite oben). Die Stromschnellen auf der Verzasca sind beliebt bei Rafting-Fans (rechte Seite unten).

bergen eingefasste Cevio, von dem sich Abstecher in die Seitentäler Val Lavizzara, Valle di Campo und Valle di Bosco anbieten. Abgeschieden und doch mitten in der Gegenwart avancierte die Chiesa San Giovanni Battista in Mogno zu einem Pilgerziel von Architekturfans. Das von Mario Botta entworfene Kirchlein steht anstelle einer 1986 durch einen Lawinenabgang zerstörten Vorgängerkirche. Der extravagante Neubau besticht durch die gestreifte Struktur des Mauerwerks aus weißem Marmor und grauem Gneis. Berühmt ist auch die wandernde Kirche San Bernardo im Valle di Campo. Sie steht auf einer mächtigen, doch abrutschenden Schieferplatte. In den letzten 100 Jahren verschob sich die Platte um gut 25 Meter und mit ihr die Kirche und einige weitere Häuser des 50-Seelen-Dorfes. Viele Kurven führen in das völlig ab vom Schuss gelegene Bosco Gurin hinauf. 1500 Meter über dem Meer ist es die höchstgelegene bewohnte Siedlung im Tessin und zugleich die einzige deutschsprachige Enklave im italienischen Sprachraum der Schweiz. Bis heute prägen die mit Natursteinplatten gedeckten rustikalen Holzhäuser der Walser das Ortsbild. Typisch sind die flachen Mäusesteine, auf denen die Häuser gebaut sind. Diese hielten Nager und anderes unliebsames Getier davon ab, in die Vorrats- und Wohnräume einzudringen.

Baden und Wandern im Val Verzasca

Das Flusstal mit seinen Badeplätzen zieht an sommerlichen Wochenenden viele Ausflügler an, die sich im türkisfarbenen Wasser erfrischen wollen oder die glatt polierten Felsen als natürliche Sonnenliege nutzen. Die Wassertemperatur steigt allerdings selbst im Hochsommer auf kaum über 15 Grad an. Viel Rummel herrscht vor allem an der Ponte dei Salti bei Lavertezzo, der berühmtesten und am meisten fotografierten Brücke der Schweiz. Die doppelbogige Steinbrücke wird vielfach auch »Römerbrücke« genannt, obschon sie sich erst seit dem 17. Jahrhundert über den Fluss spannt. An der Brücke beginnen viele Wanderwege. Wer will, kann auf dem wunderschönen Sentierone flussaufwärts bis in den Talschluss nach Sonogno wandern und von dort mit dem Postauto wieder zum Ausgangspunkt zurückfahren. Das Teilstück zwischen Lavertezzo und Brione ist mit etlichen Skulpturen und Installationen als Kunstwanderweg angelegt. Einen Kunstgenuss verspricht auch die Dorfkirche Santa Maria Assunta in Brione. Die Fresken aus dem 14. Jahrhundert erinnern ein wenig an Giotto. Schönstes Dorf im Tal ist Corippo, dessen geschlossenes Ortsbild mit seinen uralten Bruchsteinhäusern und ohne Neubauten dazwischen wie aus einem Guss wirkt. Trotz des Zaubers, der von dem Dorf ausgeht, mag heute kaum noch jemand darin wohnen. Von dem 220 Meter hohen Damm an der Staumauer des Lago di Vogorno stürzte sich 1966 für *Goldeneye* der Stuntman des James-Bond-Darstellers Pierce Brosnan in die Tiefe, heute suchen dort Bungeespringer den ultimativen Kick. Nichts mehr zu sehen ist allerdings vom Weiler Pioda, der seit der Flutung des Tales auf dem Seegrund liegt.

Mit der Schmalspurbahn ins Centovalli

Der Name sagt es schon: Beim Centovalli handelt es sich nicht um einen einzigen

Taleinschnitt, sondern gleich um 100 Täler. Würde man alle zur Melezza hinablaufenden kleineren Bachläufe mitzählen, wären es gar noch ein paar mehr. Die schönste Art und Weise, die »Hundert Täler« zu entdecken, ist eine Fahrt mit der Schmalspurbahn. Seit 1923 verbindet von Locarno aus die Centovallibahn das Tessin mit Domodossola im nahen Italien. Auf der knapp zweistündigen Fahrt geht es über 83 Brücken und 34 Tunnel, an der Strecke liegen verträumte Dörfer. Die zerfurchten Talflanken überziehen Maronen- und Walnussbäume, die vor allem im Herbstkleid ihre Pracht entfalten und zu Spaziergängen einladen. Direkt neben der Trasse der nostalgischen Eisenbahn grüßt zunächst der freistehende Kirchturm von Tegna. Wer aussteigt, kann auf der Kirchenmauer eine Gedenktafel für die amerikanische Krimiautorin Patricia Highsmith lesen, die in dem Ort mit der hübschen Piazza ihre letzten Lebensjahre verbrachte. In Intragna, dem Hauptort des Centovalli, zuckelt das Schmalspurbähnchen auf einem 70 Meter hohen schwindelerregenden Viadukt über den Isorno. Fast genauso hoch ragt in dem einnehmenden Bergdorf der schlanke Campanile der Chiesa San Gottardo auf.

Am Bahnhof Verdasio kann man in eine Gondelbahn umsteigen und über eine imposante Schlucht nach Rasa hinaufschweben. Der autofreie Ort auf etwa 900 Metern Höhe ist ansonsten nur zu Fuß auf einem alten Saumpfad erreichbar. Vom italienischen Domodossola muss man übrigens nicht auf demselben Weg ins Tessin zurückfahren. Mit dem Lago Maggiore Express kommt man nach Stresa am Westufer des Lago Maggiore und steigt dort in ein Linienschiff nach Locarno um – eine tolle Rundreise!

ANSICHTEN EINES CLOWNS

In Verscio, nur ein paar Kilometer von Locarno entfernt, entlockt Clown Dimitri in seinem 1971 gegründeten Theater seit mehr als vier Jahrzehnten seinen Zuschauern so manche Freudenträne. In einer Künstlerfamilie aufgewachsen, lernte Dimitri sein Handwerk von dem großen Pantomimen Marcel Marceau und tourte mit dem Circus Knie um die halbe Welt. Das Teatro Dimitri ist mit rund 200 Vorstellungen im Jahr die bekannteste Kleinbühne der Schweiz. In der angeschlossenen Komödiantenschule stehen unter anderem Musik, Ballett und Akrobatik auf dem Programm. Neben dem Theatersaal gibt es ein Museo Comico und seit 2010 einen Parco del Clown, einen Skulpturenpark, in dem auch Arbeiten von Dimitri zu sehen sind.

WEITERE INFORMATIONEN

Ente del Turismo Valle Verzasca: Via ai Giardino, 6598 Tenero, Tel. 091-745 16 61, www.verzasca.ch
Internationales Kulturzentrum mit Teatro Dimitri und Museo Comico: Stradon, 6653 Verscio, Tel. 091-796 15 44, Mo–Fr 9–12, 14–17 Uhr, an Vorstellungstagen auch 17–20.30 Uhr; www.teatrodimitri.ch
Vallemaggia Turismo: 6673 Maggia, Tel. 091-753 18 85, www.vallemaggia.ch

49 Lugano – die heimliche Hauptstadt des Tessins

Ein Finanzplatz mit mediterranem Flair

In der eleganten Seemetropole ist das Tor nach Italien bereits weit aufgestoßen, Mailand liegt gerade mal eine Autostunde entfernt. Die südländisch geprägte Altstadt und eine lebendige Kunst- und Architekturszene machen die Stadt am Luganer See zum attraktiven Städteziel, das dank des fast schon mediterranen Klimas selbst im Winter mit angenehmen Temperaturen überrascht.

In der Villa Ciani im Parco Civico ist die städtische Kunstsammlung untergebracht (oben). Wandfüllendes Meisterwerk: das Kreuzigungsfresko des Renaissancemalers Luini in der ehemaligen Minoritenkirche Santa Maria degli Angioli (unten).

Mit fast 60 000 Einwohnern leben in Lugano mehr als dreimal so viele Einwohner wie in der Kantonshauptstadt Bellinzona. Die damit mit Abstand größte Stadt des Tessins ist zudem das Finanzzentrum der Region und durch die pittoreske Lage am gleichnamigen See zugleich auch einer der touristischen Anlaufpunkte.

Zwischen Palazzi und Palmen

Der geschäftige Mittelpunkt der lombardisch geprägten Altstadt gehört der Piazza della Riforma. Von Arkaden gesäumte Palazzi aus dem 19. Jahrhundert geben dem Platz sein typisch südländisches Gepräge. Unter den Arkaden haben sich kleine Geschäfte und Straßencafés eingerichtet, in den angrenzenden Straßen wird immer freitags ein bunter Blumen- und Gemüsemarkt abgehalten. Im Sommer kann man samstags auf einem Kunst- und Antiquitätenmarkt stöbern. Von der Piazza geht die Via Nassa

ab, Luganos kleine, aber feine Nobelmeile, in der sich exquisite Boutiquen und Geschäfte mit teurem Schmuck, Schweizer Uhren und exklusiver Designermode dicht an dicht drängen. Ein kunsthistorisches Highlight verspricht die Kirche Santa Maria degli Angioli am Südende der Via Nassa. In dem ursprünglich zu einem Minoritenkloster gehörigen Sakralbau schuf der lombardische Maler Bernardino Luini ein monumentales Renaissancewandbild, das den Leidensweg Christi zum Thema hat. Das Hauptwerk des Schülers von Leonardo da Vinci zeichnet sich durch ausdrucksstarke und lebendig gestaltete Szenen aus. Einen ganz anderen Genuss offerieren Luganos Delikatessenläden. Feinschmecker zieht es vor allem zu »Gabbani«. Das führende Delikatessengeschäft im Tessin ging aus einem 1937 eröffneten kleinen Lebensmittelgeschäft in der Via Pessina hervor, in dem bis heute eine Riesenauswahl an Wurst- und Schinkenspezialitäten offe-

riert wird. Im neuen Gourmettempel an der Piazza Cioccara werden Früchte, Weine, rund 250 Käsesorten und Brot von zehn verschiedenen Bäckern fast wie ein Kunstwerk in Szene gesetzt. An der Kaffeebar oder im zugehörigen Ristorante können die Produkte gleich an Ort und Stelle verkostet werden.

Kunst und Architektur

Entlang der Seepromenade lädt der Giardino Belvedere zum Flanieren ein. In dem Garten begeistern Kamelienbäume, Palmen und Magnolien und nicht zuletzt die hinreißende Aussicht auf See und Berge. Mit Skulpturen von Jean Arp bis Max Bill ist auch für Kunst gesorgt. Für moderne Bauten – und davon gibt es an dem boomenden Finanzplatz Lugano mehr als genug – ist unter anderem Mario Botta zuständig. Der Tessiner Star-Architekt bescherte seiner Heimat etliche ausgefallene Geschäftsgebäude und Sa-

kralbauten. In Lugano setzte er schon in den 1980er-Jahren mit dem Stammhaus der Banca del Gottardo, heute Banca della Svizzera Italiana, einen architektonischen Akzent. Auch das wenige Fußminuten entfernte futuristische Busterminal trägt seine Handschrift. Abends wird die minimalistische Dachkonstruktion effektvoll illuminiert. Mit dem Wohn- und Geschäftshaus in der Via Ciani gelang Botta ein weiterer extravaganter Bau, der sich durch seine zylindrische Form aus dem Umfeld hervorhebt. In dem Rundturm hat übrigens der Meister selbst sich ein Atelier eingerichtet.

Ausflüge auf dem Wasser

Das ehemalige Fischerdörfchen Gandria, fünf Kilometer östlich von Lugano, besucht man am besten mit dem Schiff. Die kurze Überfahrt lohnt allein schon wegen der Ansicht von der Wasserseite. Verspielt stapeln sich die Häuser den

Espresso-Bar in der Altstadt (oben). Frisches Obst kauft man in Lugano bevorzugt in der Altstadt (unten). Vom Dorf Sonvico öffnet sich ein weiter Blick auf Lugano und die Ausläufer der Tessiner Alpen (unten links). Ausblick vom Parco Civico (Seite 160 oben). Abendstimmung über dem Luganer See und dem Monte San Salvatore (Seite 160 unten).

VOM MONTE TAMARO ZUM MONTE LEMA

Bereits bei der Auffahrt mit der Luftseilbahn offenbart sich die einzigartige Architektur der von Mario Botta auf die Alpe Foppa (1567 m) gesetzte Capella Santa Maria degli Angeli. Ein 65 m langer Viadukt führt den Besucher auf das Dach der zylindrisch gestalteten Kapelle, von dem sich ein atemberaubender Blick auf Lugano und den See eröffnet. Sehr beliebt ist der Aufstieg von der Alpe zum Gipfel des Monte Tamaro (1962 m). Von dort führt ein für trittsicherer Wanderer problemlos begehbarer Gratweg, die Traversata, zum gut fünf Gehstunden entfernten Monte Lema. Von dem wohl besten Aussichtsgipfel im Tessin grüßt bei optimaler Sicht das Matterhorn. Praktischerweise kommt man vom Monte Lema mit einer Seilbahn zur Talstation in Miglieglia, von wo ein Bus nach Rivera zur Talstation des Monte Tamaro fährt – perfekte Schweizer Organisation eben!

WEITERE INFORMATIONEN

Gabbani: Via Pession, 6900 Lugano, Tel. 091-911 30 90, www.gabbani.com
Gondelbahn Monte Tamaro: 6802 Rivera, Tel. 091-946 23 03, www.monte tamaro.ch

Hang hinauf. Enge Treppengassen erschließen den kleinen Ort. Über dem Wasser laden etliche Lokale zu Fisch und regionalen Spezialitäten ein. Ruhe darf man allerdings nicht unbedingt erwarten. Das nostalgische Örtchen gehört zu den beliebtesten Ausflugszielen und ist in der Hauptsaison spätestens ab Mittag hoffnungslos überlaufen. Wer viel Zeit hat, kehrt von Gandria zu Fuß auf dem Sentiero dell'Oliva nach Lugano zurück. Der Uferweg führt durch eine terrassierte Landschaft, die sichtlich vom mediterranen Seeklima profitiert, in dem Olivenbäume, Lorbeergewächse und Rosmarinsträucher ihren Platz gefunden haben. Ein ebenfalls lohnendes Ziel ist das auf eine Halbinsel platzierte Morcote an der Südspitze des Luganer Sees. Auf einem pompösen Treppenaufgang kann man dort bis zur Wallfahrtskirche Santa Maria del Sasso aufsteigen. Den Innenraum der Pfarrkirche schmücken sehenswerte Renaissancefresken. Nicht bei der Kirche, doch ebenfalls in Hanglage hoch über dem Ort fanden etliche lokale Berühmtheiten und wohlhabende Wahl-Morcoter ihre letzte Ruhe. Das Grab des italienischen Bankiers Carlo Bombieri ziert eine Bronzeskulptur von Henry Moore. Direkt am Seeufer zieht der Parco Scherrer viele Besucher an. Der St. Galler Textilkaufmann und Kunstliebhaber richtete sich in Morcote sein ganz persönliches Paradies ein. Angeregt von Reisen in aller Herren Länder ließ er zwischen exotischer Flora Buddhas und Hindustatuen aufstellen, ägyptische Tempel und arabische Pavillons nachbauen sowie einen mit Marmor und wertvollen Orientteppichen ausgelegten indischen Palast errichten – alles in allem ein etwas kitschig anmutendes Sammelsurium, das zusammen mit den subtropischen Gewächsen und der reizvollen Seelage dennoch als Gesamtkunstwerk durchgehen kann.

50 Monte San Giorgio – Zeitreise ins Trias

Weltnaturerbe am Berg der Saurier

Bis noch vor wenigen Jahren war die Region südlich des Luganer Sees nur Insidern bekannt. Das änderte sich schlagartig, als die UNESCO den Monte San Giorgio zum Weltnaturerbe erklärte. Hobby-Paläontologen sind von den versteinerten Sauriern begeistert.

Rund 245 Millionen Jahre versteckte der von zwei südlichen Fingern des Luganer Sees gerahmte Berg seine Fossilien von Fischen und Reptilien, bis 1924 begonnene Grabungen bis heute mehr als 10 000 urweltliche Funde zutage förderten. Das Fossilienmuseum in Meride zeigt einige Stücke davon. Die wichtigsten Exponate sind jedoch im Besitz der Paläontologischen Sammlung der Universität Zürich, unter deren Leitung die Arbeiten am Berg durchgeführt werden. In der Mitteltrias war die Region um den Monte San Giorgio ein subtropisches, artenreiches Schelfmeerbecken. Unter den Funden gibt es auch bis dato unbekannte, im Wasser lebende Saurierarten, etwa den bis zu zwei Meter langen Helveticosaurus. Hunderte der teils hervorragend erhaltenen Fossilien stammen von dem Mixosaurus, einem bis zu sechs Meter langen Reptil, das einem Delfin ähnelt. Am alten Waschhaus von Meride beginnt ein Naturlehrpfad, der mit den Bergwäldern und der Flora in der Region bekannt macht. Wer will, kann bis auf den beinahe 1100 Meter hohen San Giorgio aufsteigen. Die Tour wird mit großartigen Panoramen auf die Alpensüdseite und den Luganer See belohnt. Eine kulturgeschichtliche Sensation versteckt sich im hübschen Riva San Vitale an der Südspitze des Luganer Sees. Das frühchristliche Baptisterium aus dem 5. Jahrhundert gilt als der älteste Schweizer Sakralbau. Der kubische Bau birgt ein achteckiges Taufbecken, eingelassen in die schwarz-weißen Marmorplatten des Fußbodens. Überragt wird Riva San Vitale von der überkuppelten Santa Croce, die mit ihrem ausgemalten Innenraum, den toskanischen Säulen und den Marmoraltären ein anschauliches Beispiel der italienischen Renaissance liefert.

INFO: Ente Turistico de Mendrisiotto e Basso Ceresio, Via Luigi Lavizzari 2, 6850 Mendrisio, Tel. 091-641 30 50, Mo–Fr 9–12, 14–18, Sa 9–12 Uhr, Infopoint FoxTown Mendrisio: Mo–So 11–19 Uhr, www.mendrisiottoturismo.ch

Nicht nur die fossilen Funde machen den Monte San Giorgio interessant, auch landschaftlich hat die Region im Süden des Luganer Sees einiges zu bieten (oben). Saurierfund am Monte San Giorgio (links).

Almwiesen im »Heidiland« bei Maienfeld (oben). Besonders schrill wird die Fasnacht in Basel gefeiert (Mitte). Käseprobe in einer Bergkäserei in Sedrun (unten).

Register

Personenregister

Tourengänger vor der Kulisse des Dom, des höchsten Schweizer Alpengipfels (oben). Nostalgischer Dampfzug am Furkapass (Mitte). Auf der Riffelalp über Zermatt (unten).

Trachtenmädels in Zermatt (oben).
Guarda im Unterengadin ist für seine
detailverliebte Dorfarchitektur bekannt
(Mitte). Dampfschiff auf dem Vierwaldstätter See (unten).

Impressum

Produktmanagement: Stephanie Iber
Lektorat: Karin Weidlich, München
Korrektorat: Anke Höhne, München
Layout: graphitecture, Rosenheim
Repro: Repro Ludwig
Umschlaggestaltung: Frank Duffek, München
Kartografie: Astrid Fischer-Leitl, München
Herstellung: Bettina Schippel, Nina Andritzky
Gesamtherstellung: GeraNova Bruckmann
Verlagshaus GmbH

Alle Angaben dieses Werkes wurden vom Autor
sorgfältig recherchiert und auf den aktuellen
Stand gebracht sowie vom Verlag geprüft. Für
die Richtigkeit der Angaben kann jedoch keine
Haftung übernommen werden. Für Hinweise
und Anregungen sind wir jederzeit dankbar.
Bitte richten Sie diese an:
Bruckmann Verlag
Postfach 40 02 09
D-80702 München
E-Mail: lektorat@bruckmann.de

BILDAGENTUR
HUBER

Bildnachweis:
Alle Bilder des Innenteils und
des Umschlags stammen von der
Bildagentur Huber, Garmisch-
Partenkirchen, außer:
GlowImages: S. 130 u. (Dieterich, M.),
125 u. (Dieterich, W.), 25 u., 123 o. (Gerth, R.),
131 (Radius Images), 130 o. (Sonderegger, C.),
107 o. (Temple, N.);
Rolf Goetz: S. 91 u., 114 o., 114 u., 132 M.,
132 u.;
Rainer Hackenberg, Köln: S. 117 u.;
LOOK, München: S. 99 u. (Pompe, I.);
Picture Alliance, Frankfurt a.M.: S. 73 u.l. (Bild-
agentur-online), 26 o. (Dumont Bildarchiv);
Shutterstock (www.shutterstock.com): S. 67 u.
(avner), 73 o. (Chaikin, A.), 96 u. (Cristea, E.),
115 u. (Del Luongo, C.), 119 o. (Eder), 63 o.
(ExFisherman), 108 u., 110 (Lehmann, M.),
62 u. (marchello_), 20 o., 63 u. (matteocozzi),

45 u.l., 62 o. (Mihai-Bogdan, L.), 54 (Pecold),
102 u. (Perreten, U.), 46 (Schaefer, E.), 162 o.
(Scirocco340), 106 o. (Skitnevskaya), 72 o.l.
(upstudio), 106 u. (van beets, r.), 102 M.
(Ventura), 45 M.r. (wcpmedia), 102 u. (Wey, P.)

Umschlag:
Vorderseite:
Oben: Blick vom Fuorcla Surlej zum Piz Bernina
bei St. Moritz im Oberengadin
Mitte: Die Brienzer Rothornbahn, im Hinter-
grund der Brienzer See und die Berner Alpen
Unten: Blick von der Limmat auf Zürich
Klappe vorne: An der Seepromenade von
Ascona im Kanton Tessin
Rückseite:
Links: Traditionelles Walliserhaus in Geschinen
Mitte: Alpaufzug von Urnäsch auf die
Schwägalp
Rechts: Die Kapellbrücke über die Reuss in
Luzern, im Hintergrund der Pilatus
Klappe hinten: In der Lounge des Restaurants
»Acqua« in Basel

S. 2/3: Blick über den Luganer See auf den
Mount San Salvatore im Tessin
S. 5: Wanderer am Großen Aletschgletscher
S. 6/7: Basels Altstadt in der Dämmerung
S. 166/167: Weihnachtsmarkt vor der Stifts-
kirche St. Gallen.

Die Deutsche Nationalbibliothek verzeichnet
diese Publikation in der Deutschen Nationalbi-
bliografie; detaillierte bibliografische Daten sind
im Internet über http://dnb.d-nb.de abrufbar.

© 2013 Bruckmann Verlag GmbH, München
ISBN 978-3-7654-5872-9

Unser komplettes Programm:
www.bruckmann.de

In gleicher Reihe erschienen ...

 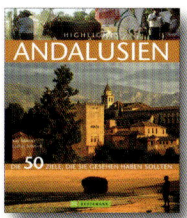    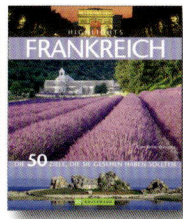 

ISBN 978-3-7654-5437-0   ISBN 978-3-7654-5599-5   ISBN 978-3-7654-4828-7   ISBN 978-3-7654-5154-6   ISBN 978-3-7654-4830-0   ISBN 978-3-7654-5368-7   ISBN 978-3-7654-5253-6

 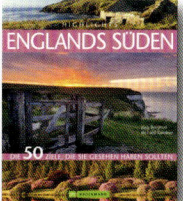 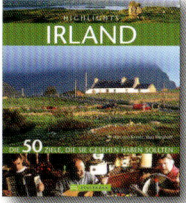 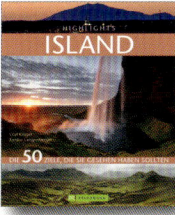 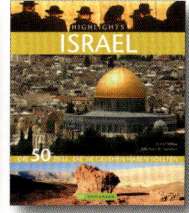  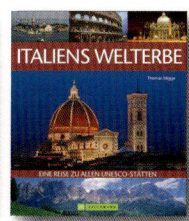

ISBN 978-3-7654-5831-6   ISBN 978-3-7654-5597-1   ISBN 978-3-7654-5214-7   ISBN 978-3-7654-5592-6   ISBN 978-3-7654-5598-8   ISBN 978-3-7654-4617-7   ISBN 978-3-7654-5594-0

 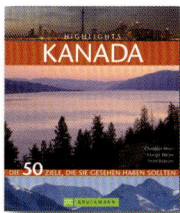  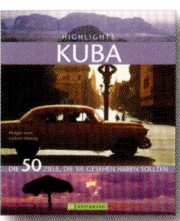 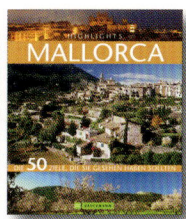  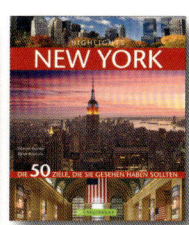

ISBN 978-3-7654-5426-4   ISBN 978-3-7654-4760-0   ISBN 978-3-7654-4869-0   ISBN 978-3-7654-5596-4   ISBN 978-3-7654-5465-3   ISBN 978-3-7654-4750-1   ISBN 978-3-7654-5751-7

 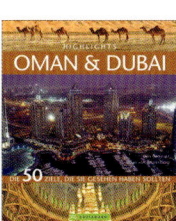 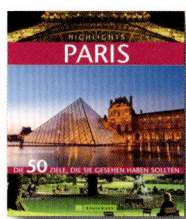  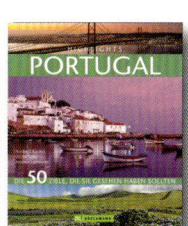  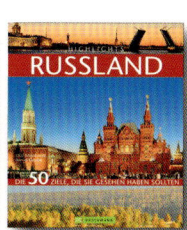

ISBN 978-3-7654-4827-0   ISBN 978-3-7654-6032-6   ISBN 978-3-7654-5753-1   ISBN 978-3-7654-5436-3   ISBN 978-3-7654-5533-9   ISBN 978-3-7654-5752-4   ISBN 978-3-7654-5600-8

    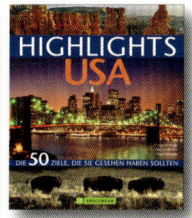  

ISBN 978-3-7654-4973-4   ISBN 978-3-7654-5880-4   ISBN 978-3-7654-4748-8   ISBN 978-3-7654-5863-7   ISBN 978-3-7654-5496-7   ISBN 978-3-7654-5758-6   ISBN 978-3-7654-5144-7

BRUCKMANN

www.bruckmann.de